组织支持感、心理资本与周边绩效关系研究

图书在版编目（CIP）数据

组织支持感、心理资本与周边绩效关系 / 许颖著．
—北京：北京燕山出版社，2016.9
ISBN 978-7-5402-4200-8

Ⅰ．①组⋯　Ⅱ．①许⋯　Ⅲ．①企业管理—文集
Ⅳ．① F270-53

中国版本图书馆 CIP 数据核字（2016）第 185500 号

组织支持感、心理资本与周边绩效关系研究

责任编辑：金贝伦　王　迪
责任校对：张晓飞
出版发行：北京燕山出版社
地　　址：北京市西城区陶然亭路 53 号
邮政编码：100054
发行电话：（010）65243837
印　　刷：三河市兴国印务有限公司
开　　本：710mm×1000mm　1/16
印　　张：16.75
字　　数：165 千字
版　　次：2016 年 8 月第 1 版
印　　次：2016 年 8 月第 1 次印刷
书　　号：ISBN 978-7-5402-4200-8
定　　价：39.80 元

版权所有　违者必究
如有印刷质量问题，请与印厂联系退换

A Study on the Relationaship between Perceived Organizational Support, Psychological Capital and Contextual Performance

— An Empirical Analysis Based on university staff

By

Xu Ying

目录
Content

中文摘要 xvii

Abstract xxi

第一章 绪论 1

第一节 研究背景和意义、目的 /1

一、研究背景 /1

二、研究意义 /7

三、研究目的 /10

第二节 技术路线、研究内容、框架和研究方法 /11

一、技术路线和研究内容 /11

二、研究框架 /14

三、研究方法 /15

第三节 主要创新点与不足 /16

一、论文主要创新点 /16

二、论文研究的不足 /18

第二章 文献回顾 19

第一节 与研究相关的基本概念 /19

一、组织支持感 / 19

二、心理资本的相关研究 / 26

三、周边绩效 / 39

第二节 论文研究的理论基础 / 42

一、理论基础 / 42

二、研究模型构建理论基础 / 57

第三节 组织支持感对个体行为绩效影响的相关研究 / 63

一、国内外相关研究 / 63

二、现有研究的不足以及对本研究的启示 / 70

第三章 研究模型与研究设计 73

第一节 研究模型和研究对象 / 73

第二节 研究工具 / 74

一、自变量：组织支持感 / 74

二、中介变量：心理资本的测量 / 76

三、因变量：周边绩效的测量 / 104

四、调节变量传统性 / 107

五、控制变量 / 107

第三节 研究假设 / 109

第四章 高等院校教职工组织支持感对周边绩效作用机制研究 125

第一节 数据收集和样本描述 / 125

一、数据收集 /125

二、样本描述 /128

第二节　心理资本、周边绩效和传统性在人口统计
　　　　变量上的样本比较 /136

一、个人统计学因素对心理资本、周边绩效和
传统性的影响 /137

二、不同性质高校对心理资本、传统性和周边
绩效的影响 /143

第三节　心理资本对组织支持感与周边绩效的中介作用 /145

一、组织支持感对人际与组织认同的影响 145

二、心理资本各维度组织支持感和人际与组织认同的
中介作用 /147

三、组织支持感对工作奉献的影响 / 157

四、心理资本各维度对组织支持感和工作奉献的
中介作用 /158

五、心理资本对组织支持感和周边绩效的中介
作用 /165

第四节　传统性对组织支持感与周边绩效的调节
作用 /167

第五节　研究结果的分析与讨论 /168

一、对心理资本的中介作用 /168

二、传统性对组织支持感与周边绩效关系的调节
作用 /171

第五章 研究结论及其启示 | 175

第一节 研究结论与探讨 / 176

一、研究结论 / 176

二、研究结论的探讨 / 185

第二节 创新与启示 / 189

一、理论创新 / 189

二、实践启示 / 192

第三节 研究局限与建议 / 197

一、心理资本定义 / 226

二、开放式问卷问题 / 226

参考文献 200
《高等院校教职工心理资本》开放式问卷 226
问卷调查表 228
后　　记 237

图目录

图 1-1　研究技术路线图..12

图 1-2　研究设计框架..14

图 2-1　情感事件理论基本框架
　　　　（Weiss and Cropan Cropanzano，1996）.....................60

图 2-2　情感事件理论关于情感经历的结果变量展示
　　　　（Jurgen Wegge，2006）.......................................61

图 3-1　本研究的权变模型图..73

图 3-2　高等院校教职工心理资本维度构成构想模型..........103

图 3-3　修订后研究设计模型..108

图 4-1　传统性对组织支持感与周边绩效关系的调节
　　　　作用示意图..172

表目录

表 2-1　组织支持感国内外研究历程……………………25
表 3-1　员工组织支持感探索性因子分析……………………75
表 3-2　开放式问卷调查被试分类表……………………79
表 3-3　预试调查被试情况表……………………80
表 3-4　正式调查被试情况表……………………81
表 3-5　心理资本内容结构各构成项目的共同度（N=496）..85
表 3-6　心理资本各项目因子负荷（n = 350）……………………86
表 3-7　验证性因素分析被试情况表（样本数 497）…………91
表 3-8　为绝对拟合优度统计量……………………96
表 3-9　增值拟合优度统计量……………………96
表 3-10　简化拟合优度统计量……………………96
表 3-11　心理资本问卷信度指标……………………99
表 3-12　心理资本各维度构成竞争模型拟合指数比较表……102
表 3-13　员工周边绩效探索性因子分析……………………106
表 4-1　基本描述性统计分析结果……………………128
表 4-2　样本的一些主要特征……………………131
表 4-3　组织支持感、心理资本、周边绩效各构念间的相关性……………………134

表 4-4　信度系数表 136

表 4-5　不同个人统计学因素下高等院校教职工心理资本
　　　　T 检验和方差检验表 138

表 4-6　不同个人统计学因素下高等院校教职工周边绩效
　　　　和传统性 T 检验和方差检验表 142

表 4-7　不同性质高校变量下教职工的心理资本方差
　　　　检验表 144

表 4-8　不同性质高校变量下教职工的周边绩效和传统性
　　　　方差检验表 144

表 4-9　自变量"组织支持感"与因变量"人际与组织
　　　　认同"的回归分析结果 146

表 4-10　因变量为"心理资本"的回归分析结果 147

表 4-11　引入中介变量"自信心"对"人际与组织认同"
　　　　 的回归分析结果 149

表 4-12　因变量为"希望"的回归分析结果 150

表 4-13　引入中介变量"希望"对"人际与组织认同"
　　　　 的回归分析结果 151

表 4-14　因变量为"乐观"的回归分析结果 152

表 4-15　引入中介变量"乐观"对"人际与组织认同"的
　　　　 回归分析结果 153

表 4-16　因变量为"自强和坚韧"的回归分析结果 154

表 4-17　引入中介变量"自强和坚韧"对"人际与组织
　　　　 认同"的回归分析结果 155

表 4-18　因变量为"自我克制"的回归分析结果 156

表 4-19　引入中介变量"自我克制"对"人际与组织认同"的回归分析结果 157

表 4-20　自变量"组织支持感"与因变量"工作奉献"的回归分析结果 158

表 4-21　因变量为"自信心"的回归分析结果 159

表 4-22　引入中介变量"自信心"对"工作奉献"的回归分析结果 160

表 4-23　引入中介变量"希望"对"工作奉献"的回归分析结果 161

表 4-24　引入中介变量"乐观"对"工作奉献"的回归分析结果 162

表 4-25　引入中介变量"自强和坚韧"对"工作奉献"的回归分析结果 163

表 4-26　引入中介变量"自我克制"对"工作奉献"的回归分析结果 164

表 4-27　因变量为"心理资本"的回归分析结果 165

表 4-28　引入中介变量"心理资本"对"周边绩效"的回归分析结果 166

表 4-29　引入调节变量"传统性"对"周边绩效"的回归分析结果 167

表 5-1　假设验证情况表 177

论文的创新点

本文从互动视角分析了心理资本对组织支持感、周边绩效的中介作用，同时对传统性在组织支持感和周边绩效之间的调节作用做了分析，从而揭示了组织支持感与周边绩效之间产生作用的具体过程。本研究对现有研究的理论贡献表现在以下三个方面：

第一，提出高等院校教职工的心理资本内容应该涵盖5个维度，即希望、乐观、自我克制、自强和坚韧以及自信心。对比Luthans（2002）以及惠青山（2009）的研究存在着一个显著的差别，也即自我克制维度的提出。Luthans在早期对心理资本的研究中就提出，开发组织中员工的心理资本量表时所选样本是基于营利性组织，对非营利性组织中员工的量表开发是今后需要研究的内容。高等院校教职工属于特殊的群体，在中国文化背景下高等院校所属性质归属为非营利性组织，同时教职工服务的客体是学生，这方面接近于服务行业。高等院校中教职工是以教学育人和科研为主，其中教学育人又占了相当大的比例，而学校对教职工的绩效评估来自于学生和直接领导，学生和领导的评估会不可避免地带有不客观的评价。学生和领导的不客观评价所带来的负面情绪必须凭意志进行克制。因此对教职工来说，积极的组织行为就需要自我克制这个因子，也即当工作中愉快或者不愉快的事情发生，特指后者，能否凭意志控制自己的情绪。主要包括在工作中面临消极评价时控制自我感情和状态、生活中情绪和工作中的情绪能否相互克制。这个因子与惠青山提出的冷静因子有所不同，后者侧重于在工作中要以平常心对待，而前者则需凭意志克制情绪。自我克制因子接近于Danial Goleman（1995）的情绪智力中的管理自己情绪。

第二，深化和拓展了高校教职工的组织支持感解释周边绩效现象中间作用机制。目前研究结果大都证实了组织支持感对周边绩效行为的影响，但是对其中间机制研究相对缺乏，本文考虑心理资本这一积极情感因素，将其纳入情感事件理论分析的框架，综合考虑高校教职工组织支持感、心理资本如何对周边绩效同时发挥作用。本研究选择的研究对象是高等院校教职工这一高素质的事业单位（非营利性组织）就业群体，它们的行为绩效在很大程度上代表了我国事业单位未来组织和员工之间作用关系发展的方向，因而本研究的现实意义较大。本文的结果表明组织支持感直接作用于周边绩效，又通过心理资本中介作用对周边绩效施加影响。本研究为组织支持感、心理资本与周边绩效的整合模型，结合中国高等院校为该情境做了较大规模的经验模式检验，因此对组织支持感、周边绩效的相关文献进行了拓展，支持并深化了情感事件理论。同时也验证了Rhoades and Eisenberger（2002）所提出的假设，他们曾经针对组织支持感的相关文献做理论整合与归纳，认为组织支持感之所以与许多行为绩效（eg.，角色外行为，周边绩效）等有显著的相关性，其中间机制可能是通过互惠机制与满足社会情绪需求，也即当员工感知到高度的组织支持时，将引发他们回报组织的意愿，因而表现为积极的周边绩效行为，高度的组织支持感满足员工在社会认可和情感支持方面的需求，会对员工在心理上产生积极的影响，通过心理上的积极变化，从而对行为绩效产生正面的影响。在当今职场环境变迁迅速的时代，组织与员工之间的关系研究越发受到重视（Chen et al., 2005）[1]，组织支持感与周边绩效的研究普遍被研究所证实（Rhoades & Eisenberger, 2002），因而需要更多的研究来探讨这中间的机制（Armeli et al., 1998）[2]，本研究结果正好弥补此空缺。

第三，提出了传统性这一个体特征对组织支持感和周边绩效行为权变作用的影响。结合不同特点的员工，解释了传统性在组织支持感对周边绩效调节效应关系的存在，探讨了组织内部社会交换的增值规律和减值规律。相对于低传统性的员工而言，高传统性的员工感知到的组织支持与周边绩效之间的正向关系更强。

总之，本研究为组织支持感对周边绩效的整合提供了一个中国事业单位背景下的经验模型，对组织支持感理论的相

---

[1] Chen, Z. X., S. Aryee, and C. Lee, 2005. Test of a mediation model of perceived organizational support Journal of Vocational Beltavior, 66, 457-470.
[2] Armeli, S., R. Eisenberger, P. Fasolo, and P. Lynch, 1998. Perceived organizational support and police performance: The moderating influence of socioemotional needs. Journal of Applied Psychology, 83, 288-297.

关文献进行了拓展,结合 Weiss and Cropanzano(1996)提出的情感事件理论,解释了为何员工的情感会影响到员工的行为和绩效。按照该理论的说法,员工工作上所处的环境变量(组织支持感),会影响到员工在工作时的情感和情绪(心理资本)的提高,进而影响到员工对(情感驱动行为)(affect-driven behavior)的表现(周边绩效),因此本研究丰富并深化了情感事件理论理论。

中文摘要

  高等院校教职工的工作表现一般来说分为两个部分，一个是硬性指标，比如授课时数，科研数量和质量；另一个是软性指标，比如主动加班为学生辅导和疏导学生心结、为高校的发展提出具有建设性改善建议，为应付额外工作所产生的自我培训、营造有利于组织的气候与环境、与同事协调合作。前者属于任务绩效，比较容易测量，后者就属于周边绩效行为，相对难以测量，但是周边绩效行为意义重大。Katz（1964）提出周边绩效行为是一个组织生存发展的关键因素，如果组织的运作若仅仅是依靠任务绩效行为的话，这将是一个非常脆弱的社会系统。通过提高高等院校教职工所感知到的组织支持从而提升周边绩效行为一直就是保持高校竞争优势所关注的焦点问题之一。高等院校教职工所关注的组织支持有哪些？这些感知到的组织支持是否都对提升周边绩效行为产生积极的影响？组织支持感是直接还是通过中间路径对周边绩效行为产生影响？如果有，这些中间路径又会是什么？这些问题不仅牵涉教职工的工作绩效，而且还可能影响到高等院校能否持续保持竞争优势。教职工所感知到的组织支持是如何对周边绩效行为产生积极的影响，积极的心理状态（心理资本）是否是它们之间的作用过程之一，这些问题也日渐引起学者的普遍关注。

本研究的目的在于从互动的视角探讨组织支持感与心理资本以及周边绩效之间的关系，并分析心理资本在这种相互关系中所发挥的作用。从而回答四个主要问题：（1）高等院校教职工的心理资本维度和企业的心理资本是否有较大的差别？（2）在高等院校教职工感知到的组织支持与具体的周边绩效行为关系作用中，心理资本是否起到了中介作用？（3）如果存在这种积极的心理状态的中介作用，具体又涉及心理资本的哪些维度？（4）高等院校教职工的传统性高低是否在组织支持感与周边绩效行为之间起到调节作用，在本文中传统性是指在中国传统文化的影响下，个人所具有的固定认知态度与常见行为模式。因此本研究的内容包括：（1）高等院校教职工的心理资本及其理论基础研究；（2）组织支持感对心理资本作用研究；（3）组织支持感知与周边绩效行为的关系研究；（4）心理资本的中介作用研究；（5）传统性的调节作用研究。从已有的文献来，本文关于该主题的探讨主要围绕三个方面展开：（1）组织支持感的维度及其对周边绩效行为的影响，例如组织支持感对周边绩效行为的影响研究（Rhoades and Eisenberger，2002；Wayne A. Hochwarter，2003）；（2）组织支持感与心理资本关系的研究，例如组织支持感对积极的心理状态或者积极正向情绪的影响研究（Eisenberger et al.，2001；Rhoades and Eisenberger，2002）；（3）心理资本的研究，如 Luthans 等人（Luthans，2002；Luthans Youssef et al.，2007；凌文辁，2006）构建的心理资本的维度。但目前仍有待解决的问题包括：（1）尽管最新的元分析（Rhoades and Eisenberger，2002）表明组织支持感与行为绩效（角色外行为或者组织公民行为）相联系，但具体到组织支持感的哪些维度和周边绩效行为存在作用关系仍有待研究；（2）教职工的心理资本是否在组织支持感与周边绩效行为之间发挥中介作用？从现在来看，国内从积极的心理资本视角对组织支持感和周边绩效行为的中介作用机制研究还相当缺乏。

本文将心理资本纳入情感事件理论模型，目的在于探讨组织支持感、心理资本与周边绩效这种行为之间的复杂互动关系。研究中通过文献追踪和文献分析构建了关于组织支持感、心理资本与周边绩效三者之间的理论假设模型。对于样本的选择，是基于尽量覆盖各种性质（985 和 211 高校、一般本科、民办高校和高职高专）以及不同地区（东部、中部、西部）的高等院校为标准，从而选择全国 18 个省份 40 余所高等院校接近 900 名教职工作为研究对象，研究表明组织支持感和心理资本都对周边绩效行为都有着直接影响，而且心理资本在组织支持感和周边绩效行为作用过程中存在中介作用。

研究结果基本上支持了作者提出的理论假设模型。组织支持感对周边绩效具有直接正向影响，同时还通过心理资本的中介效应对周边绩效产生影响。研究结果表明，员工感知到的组织支持感越强，员工的心理资本能相应提高；员工感知到的组织支持感越强，员工的周边绩效行为就越能体现；员工的心理资本越高，员工就越能表现出更多的周边绩效行为。对于组织支持感的三个维度来说，在组织中表现为：组织越关注员工的自身利益，越认同员工的自身价值，那么就越能提高员工的心理资本，这样就能提高组织中人力资源的竞争优势，进而提升员工主动保护组织、提出具有建设性改善建议、为应付额外工作所产生的自我培训、营造有利于组织的气候与环境、与同事协调合作的工作行为能力，这非常符合 Katz and Kahn（1966）的观点。

对于心理资本的中介作用，在研究不仅发现心理资本对于组织支持感与周边绩效之间关系存在中介作用，而且还进一步指出心理资本的五个维度所发挥的中介作用也不尽相同。第一，自强和坚韧的中介作用最大最显著，它对组织支持感与周边绩效以及周边绩效的两个构成维度（人际与组织认同和工作奉献）都具有中介作用。第二，希望的中介作用，紧接着是自信心的中介作用，它们都对组织支持感与周边绩效以及周边绩效的两个构成维度（人际与组织认同和工作奉献）具有明显的中介作用。第三，中介作用不显著的是自我克制和乐观，它们都对组织支持感与周边绩效以及周边绩效的两个构成维度（人际与组织认同和工作奉献）没有产生明显的中介作用。

对于传统性的调节作用，在研究中发现传统性对于组织支持感与周边绩效之间关系存在调节作用，结果显示相对低传统性的教职工而言，高传统性的教职工感知到的组织支持与周边绩效之间的正向关系更强。

关键词：组织支持感；心理资本；周边绩效；传统性；情感事件理论

Abstract

It has been one of focuses on keeping the competition advantage of universities,which is to enhance the contextual performance behavior by enhancing the organizational support perceived by the faculties of universities. What organizational support does the faculty of universities focus on? Do these perceived organizational support have positive effect on enhancing contextual performance behavior? While does the perceived organizational support directly or indirectly affect the contextual performance behavior through intermediate routing? If there is, what is the intermediate routing? These questions not only involve in the work performance of faculty, but also may affect if universities could maintain their competition advantages. How does the organizational support perceived by faculty producing positively effect to contextual performance behavior? And is the positive psychology (psychological capital) one of the procedure of their interaction? These questions have been payed more and more attention by scholars.

The aim of the study is seeing from the interactive view to

probe the relationship among perceived organizational support, psychological capital and contextual performance behavior, and analyze the function of psychological capital in this kind of interaction. Thus to answer four major questions: (1) Which aspect of organizational support perceived by faculty have correlation with specific contextual performance behavior. (2) Whether the procedure from perceived organizational support to contextual performance behavior fulfill its function through psychological capital (Which is, whether or not the psychological capital fulfill the intermediation in this procedure). (3) If the mediation of this kind of positive psychology does exist, what levels of psychological capital are involved? (4) Does the traditional height of individual fulfill the regulating effect between perceived organizational support and contextual performance behavior? Therefore, the content of this study include: (1) Studys on psychological capital and its theory basis; (2) Studys on the function of perceived organizational support to psychological capital; (3) Studys on relationship between perceived organizational support and contextual performance behavior; (4) Studys on psychology of psychological capital of burnout; (5) Studys on traditional moderating effect.

This dissertaion is going to discuss this theme centering on three aspects from the available literature: (1) The dimensions of

Abstract

perceived organizational support and it's effect on the contextual performance behavior, such as study on the effect of perceived organizational support to performance behavior (Rhoades and Eisenberger, 2002; Wayne A. Hochwarter, 2003); (2) Studys on relationship between perceived organizational support and psychological capital, such as study on the effect of perceived organizational support to positive psychology or positive emotion (Eisenberger et al., 2001; Rhoades and Eisenberger, 2002); (3) Studys on psychological capital, such as the dimension of psychological capital built by Luthans etc. (Luthans, 2002; Luthans Youssef et al., 2007; Ling Wenshuan, 2006). However, the problems need to be solved at present are: (1) Although the updated meta-analysis indicates that there is some relationship between perceived organizational support and performance behavior (extra-role behavior or organization citizenship behavior), it is still not clear which specific aspect of perceived organizational support possess this kind of relationship; (2) There is little study on the procedure of this kind of relationships; (3) Does the psychological capital play the mediation between perceived organizational support and contextual performance behavior? There is little study on mediation between perceived organizational support and contextual performance behavior on positive psychological capital view in China.

This dissertaion will bring psychological capital into affective events theory model, thus to discuss the complex interactive relationship among perceived organizational support, psychological capital and contextual performance behavior. The study builds the hypothesis model among the perceived organizational support, psychological capital and contextual performance behavior by literature trace and analysis. At the same time, the author chooses nearly 900 faculties in more than 40 universities of 18 provinces in China as the study object. The study indicates that both perceived organizational support and psychological capital have direct effect to contextual performance behavior, and the psychological capital plays mediation in the procedures of perceived organizational support and contextual performance behavior.

The study results basically support the hypothesis model presented by the author. The perceived organizational support does have direct positive effect to contextual performance, at the same time; it also affects the contextual performance through the mediation effect through psychological capital. The results of study indicate that, the stronger perceived organizational support that the faculty perceive, the higher of the faculty's psychological capital; The stronger perceived organizational support that the faculty perceive, the faculty's contextual performance behavior would be more reflected; While the higher of the faculty's

———————————• Abstract •———————————

psychological capital, the more contextual performance behavior of faculty would be presented. Seeing from the three dimensions of perceived organizational support, it is reflected in the organization that the organization should pay more attention to the benefit of faculty, more identify the faculty's value. It could more enhance the psychological capital of faculty. Thus it could enhance the competition advantage of human resources in organization, finally enhancing the performance ability of faculty on positively protecting the assets of organization, proposing constructive approving suggests, making self-training in order to apply the extra work, building the climate and environment useful for the organization, and coordinate with colleagues. This is accord with the view of Katz and Kahn (1966).

For the mediation of psychological capital, the study not only find the mediation of psychological capital to the relationship between perceived organizational support, but also point out the different mediation of psychological capital in five dimensions. Firstly, the mediation of self-efficacy and resilience is the most obvious. It has an mediation to perceived organizational support and contextual performance, as well as two dimension of contextual performance (interpersonal and organizational commitment, and work dedication). Secondly, the mediation of hope, while the afterward is the mediation of self-efficacy, they all have obvious mediation to perceived organizational support and contextual performance, as well as two dimension of contextual performance (interpersonal and organizational commitment, and work dedication). Thirdly, the mediation that is not obvious are self-control and optimism, they both have no obvious mediation to perceived organizational support and contextual performance, as well as two dimension of contextual performance (interpersonal and organizational commitment, and work dedication).

For moderating effect of tradition, the study finds that tradition has moderating effect to perceived organizational support and contextual performance. The results indicate that, comparing with the faculty with low tradition, faculty with high tradition could more strongly perceive the positive relationship between organizational support and contextual performance.

Key words: Perceived Organizational Support; Psychological Capital; Contextual Performance; Tradition; Affective Events Theory

第一章 绪论

第一节 研究背景和意义、目的

一、研究背景

Katz(1964)[①]指出,为了确保组织有效运作并且进而提升组织绩效,组织中所需要的员工工作行为应该有三种:加入并留任于组织中、以可靠的方式达成其所任角色的要求事项、执行并超越自己组织中扮演角色规范的创新和自发性行为,其中 Katz 认为包含着主动保护组织和组织资产、提出具有建设性改善建议、为应付额外工作所产生的自我培训、营造有利于组织的气候与环境、与同事协调合作的第三种工作行为,是组织生存发展的关键因素,并且组织的运作若仅仅是依靠这前两项员工工作行为的话,这将是一个非常脆弱的社会系统(Katz

---

① Katz, D. 1964. The motivational basis of organizational behavior. Behavioral Science, 9(1): 131-146.

& Kahn, 1966)[1]，这些观点在几年来越发获得普遍认同和重视。例如由于企业经营环境的不可预知性与日俱增，促使组织日益重视员工自主性创新行为的实现，以便组织能应付突发的环境变动情况（Katz & Kahn, 1978）[2]。又如，企业缩减和重组盛行，使得企业强调主动协助同事、员工间彼此合作、提出建设性的角色外行为（extra-role behavior）的履行（Tompson & Werner, 1997）[3]。因而，超越工作说明书规范的角色内行为弥补工作角色定位之不足，并直接或间接促进组织工作目标达成的工作行为，便是决定一个组织展现其效率和效果的重要因素。Motowidlo and Van Scotter（1994）将这类员工工作行为定义为周边绩效。

高等院校属于特殊的组织，高等院校的主要任务就是教书育人，所谓"学高为师，德高为范"，教书是教师知识、能力和技能的延展和继承，这是作为一个老师最基本的条件，教师学识和理论功底的深厚是成为一个好老师的必要条件；但是培育人才是一个老师的终极目标，这就需要教师不仅有良好的学术修养，同时还要有奉献、敬业和对教育的热爱。俄国著名作家列夫·托尔斯泰对一个完善的教师的评价是这样的："假如

---

[1] Katz, D., & R L. Kahn, 1966. The Social Psychology of Organizations, New York: Wiley.
[2] Katz, D., & K R. L. ahn, 1978. The Social Psychology of Organizations, 2nd ed., New York: Wiley.
[3] Tompson, H. B., & J. M. Werner, 1997. The impact of role conflict/facilitation on core and discretionary behaviors: Testing a mediated model. Journal of Management, 23(4): 583-601.

教师只是热爱教育，他能成为好教师；假如教师能把爱教育事业和爱学生相融合，他就有可能成为至善至美的教师"。结合上述，教师在工作中的主观能动性、工作奉献精神，和基于师爱的表现就显得越发重要。

随着我国高等教育的迅速发展，高校教师主要精力发生转移，例如从事第二职业，或对教学和研究工作敷衍了事，以及不关心学校发展等。与此同时，部分教师的职业道德、奉献精神和敬业精神令人堪忧。如何提供最好的教学资源，培养高素质的人才，是各类高校的核心问题。

高等院校的竞争优势主要取决于内部教职工的工作表现，也即所谓员工的工作绩效，是所有与组织目标有关的行为，并且此行为可依据个体对组织目标贡献程度高低予以测量。而工作绩效是一个多维构念，现今广为学者所接受的分类方式，即 Borman & Motowidlo（1993），参考 Campbell（1990）的研究架构所提出来的任务绩效（ask performance）和周边绩效。此分类和 Katz & Kahn（1978）所提出的角色内行为和角色外行为有异曲同工之处。在涉及人事心理学中的大量文献（Van Scotter 和 Motowidlo（1996）[1]；Walter C. Borman（1997）[2]；

---

[1] Van Scotter, J. R., & Motowidlo, S. J. (1996). Evidence for two factors of contextual performance: Job dedication and interpersonal facilitation. Journal of Applied Psychology, 525-531.

[2] Borman, W. C., & Motowidlo, S. J. (1997b). Task performance and contextual performance: The meaning for personnel selection research. Human Performance, 10, 99-109.

James M. Conway（1999）[①]表明，任务绩效是员工个人对组织核心价值的创造与维持有直接和间接贡献的行为，可直接反映组织所期望的目标，其判断的准则是在于对员工行为是否符合正式角色所规范的内容，例如，产品的制造、服务的提供、部属的管理等。周边绩效是员工自发性地产生并对所属组织及其他组织成员有益处的行为，组织并无法以正式管理控制机制来加以限定或要求此行为的产生，同时可以影响组织文化和组织气候的个人行为，例如员工自愿担负并非被要求的额外工作行为、坚持达成任务目标的工作热情、主动帮助同事。这些自发的行为构成整体的、社会的、心理的环境，而此环境将有助于组织竞争核心技术得以顺利运作并达成组织目标，这些行为属于员工自由心理的表现，组织并无法强制要求当前高等院校中的管理者所面临的重要课题之一就是在运用各种管理手段与积极制度让教职工产生良好的任务绩效，同时更重要的是能使其产生有利于整个组织的周边绩效行为。周边绩效是有助于组织目标达成的员工个人行为，当组织内部的成员，有越高的比例愿意自发地产生角色外行为，那么就能进一步提高周边绩效，此组织的竞争优势和绩效就势必超过比例较低者。比如在 Le Pine, Hanson, Borman, & Motowidlo（2000）[②]的研究中发

[①] James M. Conway (1996). Distinguishing Contextual Performance From Task Performance for Managerial Jobs. Journal of Applied Psychology, 3-13.
[②] LePine, J. A., Hanson, M. A., Borman, W. C., & Motowidlo, S. 1. 2000. Contextual performance and teamwork: Implications for staffing. Research in Personnel and Human Resources Management, 19: 53-90.

现，工作团队或团体的效能，除了受到所有成员任务绩效（task performance）的影响外，成员间所表现出来的周边绩效也有正向的影响效果。但近些年高等院校对教职工的工作绩效评价，偏重于教师的教学行为，但很少关注教师工作的主观能动性、责任心、工作奉献等。

社会学中讲究的是"投之以桃，报之以李"，也意味着现实生活中存在的精神抑或物质上的交换。组织为员工提供便利的工作条件，优越的物质基础，令人悦愉的工作环境，那么员工就需要为组织奉献自己的知识、能力和技能。高校作为一个组织，教师作为组织中的一分子，高校需要教师拥有良好的学识和较高的职业道德和奉献精神，但是教师同时也需要来自高校方方面面的支持，在现代社会中这是相互的，不能只要求一方无限度地付出，不然这种平衡很容易就被打破。

组织支持感是来自于组织各方面的支持，对员工的绩效影响是也是方方面面的。自从 Eisenberger, Huntington, Hutchison, and Sowa（1986）[1]提出这个概念后，相关研究就如雨后春笋一般出现，所谓组织支持感，就是指组织中员工会发展一种信念，来评估组织对员工贡献和福利的重视程度。Rhoades & Eisenberger（2001）[2]在发现组织支持感影响

---

[1] Eisenberger, R., R. Huntington, S. Hutchison, and D. Sowa, 1986. Perceived supervisor support. Journal of Applied Psychology, 71: 500-507.

[2] Rhoades, L., Eisenberger, R., & Armeli, S., Affective commitment to the organization: The contribution of perceived organizational support.. Journal of Applied Psychology, [J]. 2001: 825-836.

员工的工作行为和绩效，体现了组织支持感对组织行为理论的重要性。Eisenberger, Fasolo, & Davis La Mastro（1990）[1]在其研究中普遍证实组织支持感对员工工作绩效的正向影响，一般来说，组织支持感越是优越，其员工绩效就表现得越为突出。Searle, Bright, and Bochner（2001）[2]以一大学生为样本的实验中，请受试者从事邮件分类工作，在分类过程以对受试者的关怀与鼓励与否，来操纵受试者所给予情感支持，然后对受试者的合作效果和邮件分类正确程度来衡量其绩效，结果发现外界所给予的支持越高，其工作表现绩效就越高。Wayne, Shore, and Liden（1997）[3]，Wayne, Shore, Bommer, and Tetrick（2002）[4]及Hochwarter, Kacmar, Perrewe, and Johnson（2003）[5]的调查中均发现员工的组织支持感和绩效之间存在着积极的正相关。当组织中的员工感觉到的组织支持越来越多时，那么为组织创造的绩效就会不断增加，

---

[1] Eisenberger,R.,Fasolo,P.,Davis-LaMastro,V.Perceived organizational support and employee diligence, commitment, and innovation. Journal of Applied Psychology,1990,75: 51-59.

[2] Searle, B., 1. E. H. Bright, and S. Bochner, 2001. Helping people to sort it out: The role of social support in thejob strain model. Work ami Stress, 15, 328-346.

[3] Wayne, S. J., L. M. Shore, and R. C. Liden, 1997. Perceived organizational support and leader-member exchange: A social exchange perspective. Academy ofManagement Journal, 40: 82-111.

[4] Wayne, S. 1., L. M. Shore, W. H. Bommer, and L. E. Tetrick, 2002. The role of fair treatment and rewards in perceptions of organizational support and leader-member exchange. Journal of Applied Psychology, 87: 590-598.

[5] Hochwarter, W. A., C. Kacmar, P. L. Perrewe, and D. Johnson, 2003. Perceived organizational support as a mediator of the relationship between politics perceptions and work outcomes. Journal of Vocational Behavior, 63: 438-456.

Bateman & Organ, 1983; Organ & Konovsky (1989) 发现组织中员工会以工作努力和忠诚度回报组织给予的有形奖励和社会报酬, 进而组织支持感会提高对组织的责任感 (Eisenberger, Armeli, Rexwinkel, Lynch, & Rhoades, 2001)[①]、组织的尊重和组织的信任 (Chen, Ayree, & Lee, 2005)[②]。

在相同的组织, 组织支持感也比较相似, 由于人员构成不同, 其个人产生的绩效行为大相径庭, 差距也比较大。这是由于中国传统思想和国外思想的冲击, 组织中员工受环境的影响将会产生不同的反映, 同时员工本人个体特征的差异表现出来的组织周边绩效行为也可能不尽相同。

二、研究意义

(一) 理论意义

1. 丰富了积极组织行为学理论。Luthans (2004) 提出心理资本作为组织创新的源动力, 是员工成功和积极奉献与组织绩效提高的必要条件, 如何充分利用和开发员工个体的心理资本是现代西方同时也是中国人力资源管理的焦点问题。近些年来组织行为学与人力资源管理开发和管理大多是从消极导向 (诸如消除组织中员工的压力, 以及如何解决组织中离职增加

[①] Eisenberger, R., S. Arrneli, B. Rexwinkel, P. D. Lynch, and L. Rhoades, 200 I, Reciprocation of perceived organizational support. Journal of Applied Psychology, 86: 42-51.

[②] Chen, Z. X., S. Aryee, and C. Lee, 2005. Test of a mediation model of perceived organizational support Journal of Vocational Beltavior, 66: 457-470.

等）的视角来研究组织及员工，而心理资本的提出则要求组织从积极角度来重新看待和理解蕴藏在组织中个人的潜能。

2. 扩展了情感事件理论。高校这个特殊组织的支持和教师周边绩效之间互动过程是如何由心理资本衔接起来。高等院校属于社会中不可或缺的组织，该组织一般来说被认为是充满了情感的环境；组织中成员的情感和感情是特质与状态的形式存在，与工作态度、行为、绩效以及认知活动等交织在一起相互发生影响；领导者行为和组织氛围，工作特征以及工作中事件都会引发工作者的情绪性和感情反应，进而影响组织的工作气氛、工作绩效、组织公民行为。

3. 有利于丰富心理资本理论。心理资本的研究，主要集中在企业和营利性组织，而对非营利性组织的研究文献比较少，对高校研究可以在理论进行扩展。自行设计的高等院校教职工心理资本问卷，可以拓宽学术研究以及实际人力资源管理的测量工具。现有心理资本大多以营利性组织为样本开发出来，而对非营利性组织员工为样本心理资本开发一直是很多学者要求纳入其中。

4. 从互惠视角揭示了组织与员工的关系。传统的组织行为研究焦点在员工对组织的贡献，而组织支持感则从互惠理论的角度来研究组织也要对员工的付出和贡献给予支持。组织支持感理论要求员工的付出与组织支持密切相关，要想从根本上提高员工融入组织的程度，代表组织的管理人员首要任务就是加强服务意识，为组织中的员工尽可能提供物质和精神上的帮助。

（二）现实意义

1. 周边绩效是有助于组织目标达成的员工个人行为。当组织内部的成员，特别是高等院校教职工有越高的比例愿意自发地产生周边绩效行为，那么就能进一步提高高等院校的竞争力和竞争优势。周边绩效是组织里工作情景中的角色外行为。这种角色外行为可以影响并提高组织的良好工作氛围与形象。高校教职工对工作的投入与奉献、人际与工作价值认同、传播良好的意愿等都有助于学校良好的文化氛围建设。

2. 利于营造良好的学校氛围。使得高校作为组织和教师之间的相互促进，高校是人才的聚集地，其使命是教育和科研，这离不开人才的开发和培养。只有高校和教师之间相互促进，相得益彰，才能使高校的使命延续下来。

3. 组织支持感的研究有助于管理人员观念转变和服务意识的提高。传统的大量组织行为研究基本上均着眼于员工对组织的付出。组织支持感即雇主承诺的研究为我们提供了一个新的视角，它提醒管理者，员工的付出与组织和管理人员的付出密切相关，要想提高员工的工作绩效，管理人员要先提高自己的服务意识，为员工提供尽可能多的协助和支持。

4. 有助于基于社会交换的组织和员工关系与周边绩效的深化。基于社会交换的组织和员工关系和周边绩效研究都是目前学术界的一个研究热点，对组织支持感的研究有助于相关研究的进一步深化和推进，有利于避免片面强调员工的奉献和承诺而忽视组织支持的不足。

5.心理资本的开发在组织有利于提高员工高绩效和奉献精神。虽然心理因素多变而且不稳定，但是经常会影响人们的态度与行为。只有开发员工所具备积极的心理资本，他们在组织中才能愉快工作，并且愿意为企业的不断发展提供聪明才智，实现自我。

三、研究目的

本文研究目的探讨组织支持感如何作用于周边绩效的内在机制，为高等院校教职工周边绩效行为的改善提供理论上的指导和实践启示，其具体研究目的为：

（一）高校教职工的组织支持感解释周边绩效现象是否存在中间作用机制。目前研究结果大都证实了组织支持感对周边绩效行为的影响，但是对其中间机制研究相对缺乏，结合情感事件理论，本文考虑心理资本这一积极情感因素，将其纳入情感事件理论分析的框架，综合考虑高校教职工组织支持感、心理资本如何对周边绩效同时发挥作用。

（二）高等院校教职工个体特征对组织支持感和周边绩效行为权变作用影响是否存在。结合不同特点的教职工，引入传统性这一调节变量，来检验其存在与否以及如何与组织支持感交互影响周边绩效。本研究中教职工的传统性是指在中国传统文化的影响下，个人所具有的固定认知态度与常见行为模式。

第二节 技术路线、研究内容、框架和研究方法

一、技术路线和研究内容

本文拟采用如图 1-1 所示的技术路线图，从研究路线来看，首先通过逻辑演绎的方法理论被转为假设，接下来假设将指导研究设计，然后通过测量，基于收集到的数据，提供描述性的数据归纳，紧接着对这些数据进行回归分析，通过估计符号和参数大小，做出接受或者拒绝假设的决策，这符合 Wallace（1971）提出来的科学过程的要素，同时也符合规范的研究逻辑，具备了科学研究的可行性。

本研究从拟解决的问题出发，依照图 1-1 所示的技术路线，将本文分为五个章节，具体研究内容如下所示：

第一章绪论。主要对研究背景和研究问题做了较为详尽的阐述，说明了对高校教职工周边绩效问题的研究意义和研究目的，并对本研究中涉及的技术路线、研究内容和研究方法以及主要创新点和不足等进行了说明。

第二章文献回顾。本章对研究中涉及的相关概念进行阐述，进行文献追踪和回溯，对组织支持感和心理资本相关联的社会心理学理论、社会交换理论、组织公平理论、互惠理论和积极心理学理论做了详尽深入地说明和陈述。结合社会情绪机制和情感事件理论，将心理资本这一积极情绪纳入研究模型构建理

论基础。回顾国内外已有文献，针对相关研究的不足，将组织支持感和高等院校这一特殊性组织结合起来，对高等院校教职工组织支持感与周边绩效作用关系进行探讨。

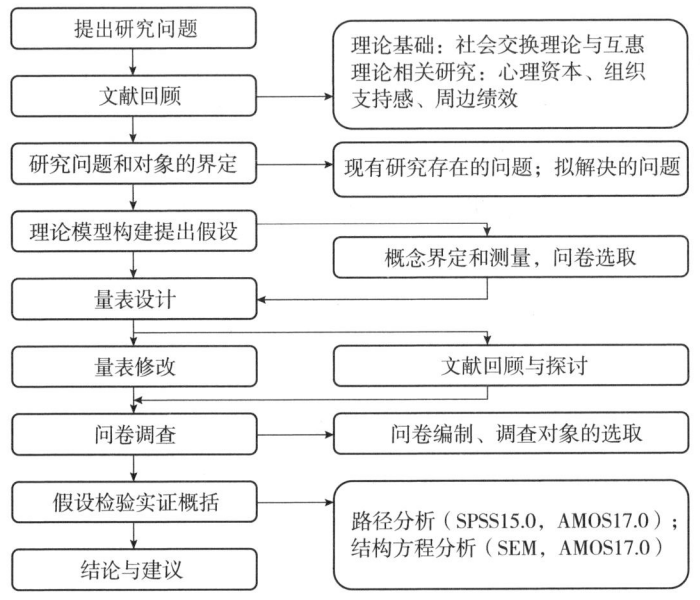

图1-1　研究技术路线图

第三章研究模型和研究设计。在结合第二章文献回顾和理论基础，构建了组织支持感、心理资本、周边绩效以及传统性之间关系的模型；同时根据已有文献提出了五个命题。为了确保后续研究的有效性，本章最后对变量的各测量题项进行详细的信度分析，检验测量题项的信度都达到可接受水平（$\alpha \geqslant 0.7$）。通过相关分析对一些变量间的关系进行分析与了解，为后面的研究做好准备，同时，对数据分析与处理的方法进行了详细的介绍，尤其是对心理资本"中介变量"的检验需要满足的条件进行了详细的处理说明。

第四章高等院校教职工组织支持感对周边绩效作用机制研究。本章第一节详细描述了研究数据的具体收集过程，数据收集主要以网上填写问卷、邮寄问卷以及现场发放问卷三种方式。本章第二节对自变量、中介变量、调节变量以及因变量进行检验得出了总体结论。本章第三节对样本做了比较分析，主要是分析样本中性别、婚姻、年龄、岗位、高校性质、最高学历等在心理资本、传统性以及周边绩效上是否有显著性差异。本章第四、五、六节主要研究组织支持感对周边绩效作用时中介和调节关系研究，结果表明组织支持感和心理资本都对周边绩效行为有着直接的影响，而且心理资本在组织支持感和周边绩效行为作用过程中存在中介作用。

第五章研究结论及其启示。本章结合前文的研究结果，论述了理论创新和实践启示，具体分析研究中的创新点，结合本研究的不足提出了未来的研究方向。

二、研究框架

本文将心理资本纳入情感事件理论模型，目的在于探讨组织支持感、心理资本与周边绩效这种行为之间的复杂互动关系。研究中通过文献追踪和文献分析构建了关于组织支持感、心理资本与周边绩效三者之间的理论假设模型，同时选择全国18个省份40余所高等院校接近900个教职工作为研究对象，研究表明组织支持感和心理资本都对周边绩效行为有着直接的影响，而且心理资本在组织支持感和周边绩效行为作用过程中存在中介作用。

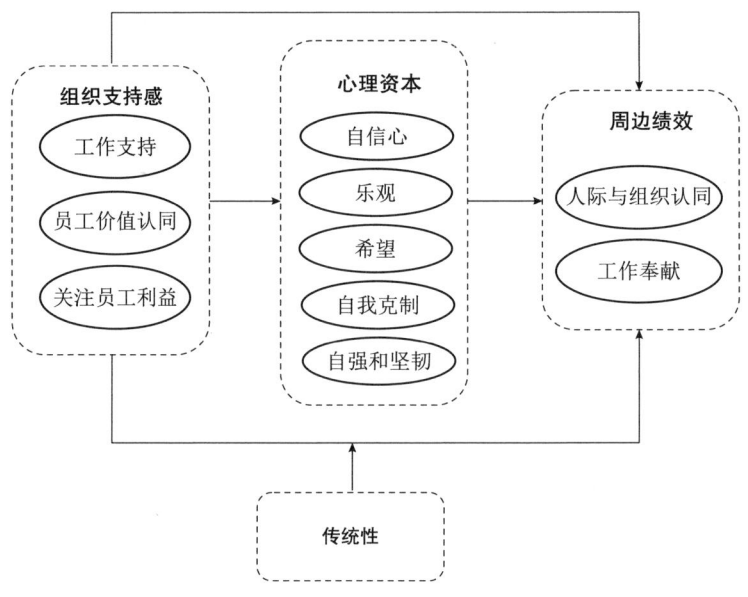

图1-2 研究设计框架

模型中的椭圆形代表潜变量，虚边方框表示显变量，单向直线箭头表示一个变量对另一个变量的直接影响。其中自变量为组织支持感（包括工作支持因子、员工价值认同因子等），因变量是周边绩效（包括人际与组织认同因子、工作奉献因子），中介变量为心理资本（包括自信心因子、希望因子、乐观因子、自我克制因子以及自强和坚韧因子）。

三、研究方法

研究方法是人们在其所从事研究领域中,对其所研究的具体问题解决过程中不断总结和开发出来的工具和手段[①],其目的在研究中能揭示事物内在规律,提出新观点和新理论。一般包括文献调查法、问卷调查法、案例研究法、数理统计分析法、实验室研究法等。本文中所使用的研究方法包括文献调查法、问卷调查法、数理统计分析法。

(一)文献调查法

文献研究法是鉴于研究者所要研究的问题,通过各种途径进行文献调查来获取大量资料,从而能综合地把握领会所要研究问题的一种方法。在各种学科研究中文献调查法被广泛使用。本研究中通过计算机网络和数据库对所要研究的相关概念进行文献追踪和文献回溯,收集大量和本研究相关的文献,然后对其进行梳理,提出现有研究的不足,进行研究设计。

(二)问卷调查法

研究设计的目的是通过数量化的分析,而数据的收集获取则是重中之重,本研究经过文献回顾,自行设计和借用已有的成熟量表对所要研究的构念进行测量,通过大规模发放问卷,采用以被试者自我报告的形式来填写问卷,为进一步的数理统

---

① 国家教委社会科学研究与艺术教育局.自然辩证法概论.北京:高等教育出版社,1989: 1-3.

计分析做好准备。

(三) 数理统计分析法

本研究主要使用 SPSS15.0 数据分析软件和 AMOS17.0 软件进行数据分析，在具体的分析步骤上，首先对调查问卷进行信度分析；其次使用结构方程模型对多维变量进行验证性因子分析；再次使用方差分析和相关分析对控制变量和中介变量以及因变量进行多重比较分析；最后使用多元回归分析方法对中介效应和调节效应做检验。

第三节 主要创新点与不足

一、论文主要创新点

本文分析了心理资本对组织支持感、周边绩效的中介作用，同时分析了传统性对组织支持感和周边绩效的调节交互作用，从而揭示了组织支持感与周边绩效之间产生作用的具体过程。本研究对现有研究的理论贡献表现在以下三个方面：

第一，提出高等院校教职工的心理资本内容应该涵盖五个维度，即希望、乐观、自我克制、自强和坚韧以及自信心。对比 Luthans（2002）以及惠青山（2009）的研究存在着一个显著的差别，也即自我克制维度的提出。自我克制因子接近于

Danial Goleman（1995）的情绪智力中的管理自己情绪。

第二，深化和拓展了高校教职工的组织支持感解释周边绩效现象中间作用机制。目前研究结果大都证实了组织支持感对周边绩效行为的影响，但是对其中间机制研究相对缺乏，本文考虑心理资本这一积极情感因素，将其纳入情感事件理论分析的框架，综合考虑高校教职工组织支持感、心理资本如何对周边绩效同时发挥作用。

第三，提出了传统性这一个体特征对组织支持感和周边绩效行为权变作用的影响。结合不同特点的员工，解释了传统性在组织支持感对周边绩效调节效应关系的存在，探讨了组织内部社会交换的增值规律和减值规律。相对于低传统性的员工而言，高传统性的员工感知到的组织支持与周边绩效之间的正向关系更强。

总之，本研究为组织支持感对周边绩效的整合提供了一个中国事业单位背景下的经验模型，对组织支持感理论的相关文献进行了拓展，结合 Weiss and Cropanzano（1996）提出的情感事件理论，解释了为何员工的情感会影响员工的行为和绩效。

二、论文研究的不足

首先，调查问卷中的大多数题目都是由同一被试回答的，因此很难避免同源偏差（CMV），因变量和自变量之间的同源偏差可能会导致人为提高各变量之间的相关性。以后的研究必须考虑使用多种调查手段相结合的方式来获取样本数据，从而减小同源偏差。

其次,在本研究中样本的获取主要通过便利抽样和"滚雪球"(snow ball)抽样的方式来选取被试,不是通过随机抽样,这种抽样方式在很大程度上削弱了研究结果的效度。

再次,本研究中使用的数据是截面数据,只能揭示某个时点的状况,当使用的概念和一个文化开发的技术应用到另一种文化时,任何领域研究的限制都会被不断放大。总结已有的发现,在研究中的样本来自于不同类型的高校,但是样本仅仅来自国内,一般化还未能扩展到其他文化背景的国家。

最后,在进行统计分析时,控制了被试的性别、年龄、学历以及高校性质等人口统计学变量以及组织变量,但是在现实工作中,性别、年龄、学历和工作年限等因素,都可能会不同程度地影响员工的心理资本与周边绩效、组织支持感的相关程度,这些个体因素和组织因素(高校的组织文化等)都可能会产生不同的调节作用,这有待于进一步开展研究和检验。

第二章 文献回顾

第一节 与研究相关的基本概念

一、组织支持感

《圣经》经典版本中路加在12:48说过:"被给予的越多,被需求的越多。"[①] 这里面所体现出来的是社会中很普通的一个道理,给予和需求的关系,组织中员工和组织分别代表给予和需求的一方。Gerloff及Hoyt(1999)[②]认为在一个支持性文化的组织,不但能够给员工提供良好的薪资和福利,同时也能够提供许多必要的资源对员工有高度的支持。Eisenberger等人(1986)则认为所谓的组织支持是指那些组织能够关心员工福利和需求,并且会提供赞扬、表彰和重视有贡献的员工。

---

① Bible, New King James Version.
② Gerloff, E. A., & Hoyt, J. 1999. Organizational environment, changing economic conditions, and the effective supervision of technical personnel: A management challenge. Journal of High Technology Management Research, 102: 275-293.

Shore 及 Shore（1995）也提到组织支持的三个要件：无条件提供报酬、组织中雇主的承诺以及高度信任员工。员工认为组织所给予的报酬高于组织内正式政策所规定报酬时，员工会认为组织是支持他们的,而且这些无条件的报酬会使员工备感亲切，因而能提升员工对组织支持的感知。在社会交换理论的架构下，Eisenberger 等人（1986）认为组织中员工的组织支持感主要建立在主管（组织拟人化思想中的代表）承诺的认知上。对主管的承诺感知越强，成员所产生的互惠效果也就越大，当互惠效果提升后就可以促进员工对组织的承诺。

Eisenberger 等人（1986）及 Shore 和 Wayen（1993）认为组织支持理论可以用来解释员工对组织的感情性承诺。这一观念是假设为了达到社会情感的需求，可评估组织愿意提供报酬以增加员工对组织的奉献和努力。而且员工也从一般的福利来看待组织是否重视他们的贡献，是否关心他们的福利。基于互惠的基本形式，组织支持可以从组织的福利创造出知觉性的恩惠，以协助组织达到既定的目标和目的。因此员工可能经由更高程度上的情感性承诺来回馈和回报组织，同时还可以激励员工回报组织对他们福利的关心。

Linda Rhoades and Robert Eisenberger（2002）[①]回顾了超过70个研究涉及员工普遍信念，这些被称为认知到的组织支持是组织重视员工的贡献和关注他们的福利。通过元分析发现可

---

① Linda Rhoades and Robert Eisenberger .(2002).Perceived Organizational Support: A Review of the Literature. Journal of Applied Psychology, 698-714.

认知的组织支持主要有以下三个被员工接受的有利对待构成：公平监督支持、组织奖励和良好的工作条件。反过来，可感知的组织支持与有利于员工（工作满意度、积极情绪）和组织的（情感承诺、组织绩效、日益减少的退出行为）产出。这些关系都依赖于组织理论假设下的程序，也即员工的信念中组织的行为是自发的，对组织的帮助是义务的，社会情绪需要的完成以及绩效与奖励期望。因此，本文综合各学者之看法将组织支持定义为组织不仅要关注员工的福利和需求，提供许多必要的资源外，还要给予员工表扬和表彰，而且重视对组织有贡献的员工。因此，对组织支持感理论的探讨实质上是换个角度来看待员工的激励问题。由于以往的激励理论大都是多维的。而且实际上组织支持感也确实表现在各个方面以满足员工不同的需要（凌文铨，2006）[1]。

在组织中雇主一般希望员工忠诚和奉献，对组织依托的雇员则表现为高绩效、低缺勤和日益减少的离职率（Mathieu & Zajac，1990[2]；Meyer & Allen，1997[3]；Mowday, Porter, & Steers，1982[4]）。通过对比，雇员更关心组织对他们的承诺。

---

[1] 凌文铨.（2006）.企业员工的组织支持感.心理学报，281-287.

[2] Mathieu, J. E., & Zajac, D. (1990). A review and meta-analysis of the antecedents, correlates, and consequences of organizational commitment. Psychological Bulletin, 108: 171-194.

[3] Meyer, J. P., & Allen, N. J. (1997). Commitment in the workplace: Theory, research and application. Thousand Oaks, CA: Sage.

[4] Mowday, R. T., Porter, L. W., & Steers, R. M. (1982). Organizational linkages: The psychology of commitment, absenteeism, and turnover's Diego, CA: Academic Press.

员工被组织评价能产出如下收益：承认和关心、工资和晋升、获得信息和其他形式的帮助以使其完成自己的工作，互惠性的标准允许员工和雇主之间相互妥协。社会交换理论家指出雇佣作为努力和忠诚的交换是为了实质收益和社会奖励（Bateman & Organ, 1983[1]; Brief & Motowidlo, 1986[2]; Gould, 1979[3]; Levinson, 1965[4]; Mowday et al., 1982[5]; Organ & Konovsky, 1989[6]; Steers, 1977[7]）。当一个人对另一个人好时，那么基于互惠性准则要求施恩的一方得到良好的回报（Gouldner, 1960）[8]。在某种程度上雇员和雇主都将互惠性准则应用到他们的关系上，双方接受的良好对待是互利的，就能产生对双方都有好处的产出。

组织支持理论（Eisenberger, Huntington, Hutchison, &

---

[1] Bateman, T. S., & Organ, D. W. (1983). Job satisfaction and the good soldier: The relationship between affect and employee "citizenship". Academy of Management Journal, 26: 587-595.

[2] Brief, A. P., & Motowidlo, S. J. (1986). Prosaically organizational behaviors. Academy of Management Review, 11: 710-725.

[3] Gould, S. (1979). An equity-exchange model of organizational involvement. Academy of Management Review, 4: 53-62.

[4] Levinson, H. (1965). Reciprocation: The relationship between man and organization. Administrative Science Quarterly, 9: 370-390.

[5] Mowday, R. T., Porter, L. W., & Steers, R. M. (1982). Organizational linkages: The psychology of commitment, absenteeism, and turnover. San Diego, CA: Academic Press.

[6] Organ, D. W., & Konovsky, M. (1989). Cognitive versus affective determinants of organizational citizenship behavior. Journal of Applied Psychology, 74: 157-164.

[7] Steers, R. M. (1977). Antecedents and outcomes of organizational commitment. Administrative Science Quarterly, 22: 46-56.

[8] Gouldner, A. W. (1960). The norm of reciprocity: A preliminary statement. American Sociological Review, 25: 161-178.

Sowa，1986[①]；Shore & Shore，1995[②]）提出为了确定组织乐意奖励增加的工作努力和满足社会情感需求，雇员应该有全局性的信念，这种信念在某种程度涉及组织重视员工的贡献和关注他们的福利。当组织需要高效完成工作和解决压力形势时，员工可感知到的组织支持的重视可以确保组织中获得帮助。

Levinson（1965）[③]指出组织经营者的行为与其被归因于组织经营者的个人动机不如说是组织内部意图的外显。Levinson（1965）提到的组织的拟人格化的培养是通过组织的法定的、道德的以及财政责任要求组织经营者的行为，是通过提供连续性和描述角色行为的组织政策、标准和文化，是通过组织经营者的权力强加给员工的。基于组织的人格化，员工将遇到的有利和不利的待遇看作是组织喜欢他们和不喜欢他们的迹象。

社会交换理论家认为如果是基于自由裁量的选择而非超出赠送者的控制，那么从其他人那里接受的资源非常重要。当赠送者真正尊重和重视接受者，如此自愿的帮助是受欢迎的（eg.，Blau，1964；Cotterell，Eisenberger，& Speicher，1992；Eisenberger，Cotterell，& Marvel，1987；Gouldner，

[①] Eisenberger, R., Huntington, R., Hutchison, S., & Sowa, D. (1986). Perceived organizational support. Journal of Applied Psychology, 71: 500-507

[②] Shore, L. M., & Shore, T. H. (1995). Perceived organizational support and organizational justice. In R. S. Cropanzano & K. M. Kacmar (Eds.), Organizational politics, justice, and support: Managing the social climate of the workplace (pp. 149-164). Westport, CT: Quorum.

[③] Levinson, H. (1965). Reciprocation: The relationship between man and organization. Administrative Science Quarterly, 9: 370-390.

1960)。因此，如果雇员相信他们由于组织的自愿政策的行为而非工会和政府健康和安全规制的外部因素，组织的奖励和良好的工作条件如工资、晋升、工作丰富化和工作政策的影响对可认知到得组织支持贡献较多。因为管理者作为组织的经营者，雇员从管理者处受到的有利待遇也应该被归因于可认知的组织支持。这种关系的优点在某种程度上雇员将管理者视为组织的一员，而非将管理者的行为作为异质。

组织支持理论也提出可认知到的组织支持的隐藏结果的心理程序。第一，基于互惠标准，可认知到的组织支持应该产生可感知的义务关注组织的福利和帮助组织达到他的目的。第二，可认知到的组织支持所赋予关心、认可的含义应该可以满足社会情感需要，使员工具体表现为组织一员和将其行为社会化。第三，可认知到的组织支持应该增强员工信念，即组织认可和奖励增加的绩效（尤其绩效奖励期望），这些程序应该对雇员（增加的工作幸福和提高的积极情绪）和组织（增加的情感承诺和绩效，减少离职率）都有有利的产出。组织支持理论吸引人的特征表现在它提供了清晰的、容易的、可检验的预测，这些预测关于组织支持感前因变量和结果变量。我们检验了这些研究，这些研究考虑到可认知的组织支持的先验假设和结果假设，同时我们也对隐藏在这些关系下的作用机制做了详尽的研究。组织支持感国内外研究历程如下表。

表2-1 组织支持感国内外研究历程

研究者	内容	研究者	内容
Eisenberg, Huntington, (1986)	员工会对组织产生整体性的信念,用以衡量组织对员工贡献的重视及福利的关怀程度	Lewis & Taylor (2000)	发现组织支持会对角色外行为、组织承诺产生正向影响
Davis La Msstro (1990)	组织支持感会使员工(1)尽应有职责;(2)强烈的情感投入;(3)有时即使缺乏个人所期望的直接报酬或赞扬,仍会在组织中有所创新以利组织	周明建 (2005)	比较"利益交换观"和"利益共同体观"下。组织支持感对工作奉献产生的不同影响
Smore &Wayne (1993)	组织支持感比心理契约对员工的组织公民行为有更好的预测效果	潘素霜 (2005)	结合实证发现组织支持感与员工忠诚正相关
Setton (1996) Wyane (1997)	组织支持感与组织行为具有正相关	凌文铨、杨海军和方俐洛 (2006)	通过实证研究。提出我国员工组织支持感的因素结构是包括工作支持、员工价值认同和关心利益的三维度结构模型。并验证工作支持因子对员工情感承诺和利他行为有预测力
Armeli (1998)	组织支持感可以满足组织中员工的社会情绪需求。组织中个人的社会情绪需求越强,员工认为自己必须以良好的绩效和奉献为互惠	Niehoff (1998)	组织支持感与组织公民行为周边绩效的各维度作用关系,人际相互帮忙、默默努力与组织忠诚具有积极的正相关,但与个人主动建议不具有相关性
Randall (1998)	组织支持感和工作表现行为有关		

二、心理资本的相关研究

在当今超竞争和经济全球化的社会环境中,组织为了获得持续的竞争优势,不同的组织都为人才而战,但是为人才而战对组织中的员工产生的消极影响有:工作压力、工作倦怠和疏离工作(Luthans,2002)。如何消除这些消极影响,积极组织行为学者呼吁关注一些诸如自尊、目标设定和积极情感更为传统和积极心理学构念。尽管这一传统路径非常必要,但是仍不足以管理好组织中的人才。为了消除负面影响和获得持续竞争优势,盖洛普提出通过一种新的积极途径来应付上述问题,也即开发和管理组织个体的优势而不仅仅关注个体的弱点。

基于上述问题,美国心理学会(APA)前主席Martin Seligman教授批判传统的心理学很少关注个体的健康成长、个体的潜能培养和自我实现。建议心理学的研究应该承担起如何帮助健康的个体变得越来越感觉到自己的幸福和如何实现自我这样的使命。借鉴经济学的资本概念,Martin Seligman提出组织和社会中的个体是否存在心理资本?心理资本涵盖内容?个体在组织中如何才能开发和得到心理资本?紧接着对上述问题进行了肯定的回答,结合积极心理学和积极组织行为学的理论,他提出将影响个体行为的积极心理都可以被纳入资本的概念范畴之内。这一开拓性的观点不仅激发了学者对积极心理学的兴趣,而且也极大地推动了对于心理资本内涵和范畴研究的讨论。

组织中的员工在个体成长过程中可被开发的积极的心理特征或者表现出来的一种积极心理状态就是员工的心理资本（Luthans，Youssef et al.，2007）[1]，进一步分析为：自信心（efficacy），组织的员工在面对具有高度挑战性的任务时，表现出有较强的信心和投入必要的努力来达到自己所要追求的目标；乐观（optimism）人把积极的事件归因于内部、持久、普遍深入的原因；希望（hope）为了成功照着预定的目标坚韧不拔地前进；坚韧力（resilience）是一种可被开发的能力，是指组织中的个体身处逆境、面临危机甚至是积极事件（日渐增长的工作责任等）时，能够坚持不懈地保持韧劲，快速复原，以至于摆脱危机达到成功。虽然 Luthans，Youssef（2004）[2]也列举了诸如智慧、情绪智力、勇气等积极的行为，但是自信心、乐观、希望和坚韧力这四个维度最好地体现了积极的心理资本作为状态和描述绩效影响的内涵标准［James B. Avey,（2006）等］[3]。

从上文中对心理资本的详细定义，我们可以知道由乐观、自信心、坚韧力和希望所构成的高阶积极构念相对全面地揭

---

[1] Luthans, F., & Youssef, C. M. (2007). Emerging positive organizational behavior. Journal of Management 33: 321-349.

[2] Luthans, F., & Youssef, C. M. (2004). Human, social, and now positive psychological capital management: Investing in people for competitive advantage. Organizational Dynamics, 33: 143-160.

[3] Avey, J. B., Patera, J. L., & West, B. J. (2006). The implications of positive psychological capital on employee absenteeism. Journal of Leadership and Organization Studies, 13: 42-60.

示了心理资本的含义。学者们不但从定义和理论上规范地研究了心理资本的构成维度，James B. Avey 等学者以美国国内企业员工为研究样本在实证中证实了心理资本包含着这四个主要因子（James B. Avey, Fred Luthans et al., 2008）[1]，证实了这些心理资本的组成因子可以以协同效应的方式对组织绩效和个体绩效的提高发挥其巨大作用，而非仅仅是以简单的累加效应。

Luthans 和 Youssef（2004）[2]明确表示，组织中员工所拥有的希望、自信心、坚韧力和乐观这些积极的心理特征是构成心理资本的一些主要因素，这些因素大都属于员工个体的可发展和被开发的积极心理状态或者心理特征。具体来讲，组织中员工的心理资本应该是一个拥有更高层次的核心构念，它是很多符合积极组织行为标准能力的集合体。

1. 自信心。我们在日常活动中表现出来每一项能力背后潜在的东西是动机，而动机是建立在我们相信自己所付出的努力能够获得成功的可能性上的。Bandura（1997）认为，人们对自己能够完成某一特定任务的可能性的估计就是对其自身自信心的估计。结合 Bandura（1986，1997）和 Stajkovic and

---

[1] James B. Avey, Fred Luthans et al. 2008.The mediating role of psychological capital in the supportive organizational climate-employee performance relationship Journal of Organizational Behavior .29: 219-238.

[2] Luthans, F., & Youssef, C. M. (2004). Human, social, and now positive psychological capital management: Investing in people for competitive advantage. Organizational Dynamics, 33: 143-160.

Luthans(1998b)① 丰富理论和研究,综合了以前人们对自信心的实证研究,将自信心定义为"组织中个体对自己在特定的情境中能够激发动机、调动认知资源以及采取必要的行动来完成某项特定工作的信心或者信念"。Bandura(1986,1997,2001)以社会认知理论为基础,提出自信心建立在他提出的五个认知过程之上,具体包括:象征化、预先思考、自我调节、观察、自我反思。在社会和组织中的人们一旦具有高度自信心,那么他们就会有一种强烈的信念,相信自己能胜任具有高度挑战性的工作,在完成工作的过程中如果遇到问题和障碍时深信自己一定能克服困难和障碍,其中间作用机制是通过自我激励来竭尽全力达到自己追求的目标,因此自信心无论在社会交际中或者在工作中都显得至关重要。自信心的结果变量(工作绩效、员工工作态度、工作紧张)在先前的许多文献中得到了充分证明。例如,著名的心理学家 Albert Bandura 结合大量的理论和研究,对 114 项研究的元分析证实了自信心与员工工作绩效和角色外行为有很强的正相关,自信心和角色外行为高于其他广泛公认的影响角色外行为之间关系的元分析结果。同时 Bandura(1997)② 通过研究和应用也清晰地表明了自信心作为一种状态在工作中是如何发展和塑造的。

---

① Stajkovic, A., & Luthans, F. (1998). Self-efficacy and work-related performance: A meta-analysis. Psychological Bulletin, 44: 580-590.
② Snyder, C. R. (2002). Hope theory: Rainbows in the mind. Psychological Inquiry, 13: 249-276. Bandura, A. (1997). Self-efficacy: The exercise of control. New York: Freeman.

2. 希望。在日常用语中，我们会经常使用"希望"一词，作为一种心理优势，人们对于什么构成了希望以及充满希望的个体、群体和组织的特点是什么存在着许多错误的认识。许多人把希望同痴心妄想、盲目的乐观态度、饱满的情绪，甚至是与幻想相混淆。在希腊传说中的潘多拉盒子，盒子打开后所有的灾祸都降临到这个世界，潘多拉急忙将盒子盖上后，盒子中只剩下"希望"。

在积极心理运动中，堪萨斯大学的临床心理学教授 Snyder（2002）[①]，把希望定义为"在成功的动因（指向目标的能量水平）与路径（实现目标的计划）交叉所产生体验的基础上，所形成的积极的心理状态"。基于这种状态，个体的意志力和决心会激励他去寻找新的途径或者可供选择多种途径，在开发新的途径过程中，个体会表现出足够多的创造力和首创精神，从而进一步激活个体的能量水平，这两者结合起来会使希望产生螺旋式上升。Snyder 的研究支持了这样一种观点，即希望是一种认知或"思考"状态，在这个状态中，个体能够设定现实而又挑战性的目标和期望，然后通过自我引导的决心、能量和内控的知觉来达到这些目的，这就是 Snyder 提出的"动因"和"意志力"。然而，Snyder 在界定希望时指出，希望的两个必不可少的组成成分就是"途径"和"路径"：而

---

① Snyder C R Shorey H S, Cheavens J, Pulvers KM. AdamsBI V H, Wiklund C. Hope and Academic Success in College[J]. Journal of Educational Psychology, 2002, 94(4): 820-826.

在我们平常使用"希望"忽视了这一成分。尽管积极心理学研究和希望研究近期才出现的，但是在各种领域，希望的结果变量（积极生活、幸福工作、心理健康）在先前的许多文献中得到了充分证明包括工作场所中证明希望和绩效是相关的（Curry, Snyder, Cook, Ruby, & Rehm et al., 1997）[1]。Youssef（2004）的研究也显示，1000多位管理者和员工的希望水平与他们的绩效、工作幸福感之间有正向的关系。在现代组织中，一个员工如果对自己从来不抱有什么希望，那么寄希望于他对组织有独特和过多的贡献这种可能性微乎其微，员工对自己未来充满希望是提高现代组织的绩效的必要条件之一。希望作为一种状态有其独特的测量方法，在实践中发展和塑造希望包括设置挑战性的目标，为了避免希望落空应该权变的谋划和重新设置目标（Luthans, 2006）[2]。除了这些前期研究证实了希望状态与绩效的关系，也有不少证据表明希望状态与工作态度也存在着密切关联。Youssef 和 Luthans（2007）[3]一个针对美国中西部某小型工厂的研究证实，工人的工作满意度和组织承诺与希望状态水平相关。而另外一个跨部门雇员的研究中，希望影

---

[1] Curry, Snyder, Cook, Ruby. Role of hope in academic and sport achievement (1997). Journal of personality and social psychology. 73: 1257-1267.

[2] Luthans, F., Avey, J. B., Avolio, B. J., Norman, S. M., & Combs, G. M. (2006). Psychological capital development: Toward a micro-intervention. Journal of Organizational Behavior, 27: 387-393.

[3] Youssef, C. M., & Luthans, F. (2007). Positive organizational behavior in the workplace: The impact of hope, optimism, and resiliency. Journal of Management, 33: 774-800.

响着雇员的工作满意度、组织承诺和工作幸福感。在几个跨文化的环境中，如在埃及、中国、南非的学者也对希望进行了一些概念或者实证研究也初步发现了希望和绩效之间一定的正向作用。

3. 乐观。从字面意义或者从词源上看，乐观（optimism）的定义是：一种精神愉快，对事物的发展充满信心的生活态度。乐观就是无论在什么情况下，即使再差也保持良好的心态，也相信坏事情会过去，阳光总会再来的心境。日常用语中，乐观主义者总是预期未来会发生积极的、称心如意的事情；而悲观主义者总是心怀消极的想法，总觉得会发生不尽如人意的事情。作为一项符合心理资本标准的重要能力，乐观确实有这层表面意思，但除此之外还有更深层次的含义。乐观不仅仅是指预期未来会发生积极事情的心理倾向，更重要的是乐观还取决于我们对事情的解释和归因。Seligman（1998）[①]认为乐观是一种归因风格或者解释风格，可以通过以外在环境学习而获得：乐观是把积极事件解释为源于个体自身的努力，持久性的、普遍性的归因方式，而把负面事件归解释为源于个体外部情景的、暂时的和具体的归因方式（许颖，2009）。基于这样一个普遍性的概念，乐观者会把日常生活的积极事件归因或者解释为自己的能力控制范围之内，而把负面事件归因和解释为自身无法控制的，暂时地与所处情景有关，这从一个方面反映了乐观是如

---

① Seligman, M. E. P. (1998). Learned optimism. New York: Pocket Books.

何积极地看待结果（对未来的预见）和事件（积极的情感和工作动机）解释（Luthans,2002）[①]。大多数学者认为乐观这一因子既有类状态类特征，又有特质类特征，因此可以通过改变提升乐观的解释风格，我们可以后天地开发并提升个体的乐观，能被后天学习和发展，具体可以通过如下方式：宽容过去，欣赏现在，寻机未来（Schneider, 2001[②]；Luthans, Avey, et al., 2006[③]）。Snyder（2002）认为如果在困难事实面前以理性、积极的感情和态度以及坦然接受的心态就是乐观。学者认为乐观的结果变量（心理健康、情绪、工作幸福感）在先前的许多文献中得到了充分证明,工作场所中乐观对工作绩效有积极影响。比如 Argyle（1987，1997）指出如果员工以积极向上的感知或认知角度来对待工作情景中的事情时，员工则会产生工作幸福感；Malin（2003）认为乐观的人在工作中会有良好的人际关系，那么就会对组织有较好的工作和价值认同。在现在形势下，乐观是多么需要，已经发生的事情要善于总结，对现在的形式加以把握关注，然后才有可能在将来抓住机会。乐观的员工会把面临的困难和危机归因于暂时性的、外部的或者与所处环境相关的因素，会以积极的情绪处理危机，不会沉湎于自己能力不

[①] Luthans, F. (2002a). The need for and meaning of positive organizational behavior. Journal of Organizational Behavior, 23: 695-706.

[②] Schneider, S. L. (2001). In search of realistic optimism. American Psychologist, 56: 250-263.

[③] Luthans, F., Avey, J. B., Avolio, B. J., Norman, S. M., & Combs, G. J. (2006). Psychological capital development: Toward a micro-intervention. Journal of Organizational Behavior, 27: 387-393.

足的责问中，对自己面临问题的未来一直会保持积极的期望。结合以上文献所述，可以了解乐观是一种人生信念，面对问题的态度、倾向。

4.坚韧力。积极的心理资本第四个测量维度是坚韧力。阅读任何世界上一流领导的传记，他们的坚韧力都会给我们留下深刻的印象，他们即使遇到困难和挫折也决不退缩。他们成功的事例告诉我们，坚韧力对于处在艰难困境中的领导者来说至关重要，更重要的是，具有坚韧力的领导者和支持者有着深远的影响。积极心理学家Masten通过理论构建和实证研究认识到，坚韧力及其组成要素是指在个体的任何年龄和心理条件下，都是可以被发现、测量、维持和培养的日常技能和心理优势，Masten发现源自"普通人的日常生活魔力"，并对"提升个体与社会的能力及人力资本具有深远的意义"。

如果将积极心理学的视觉用到工作场所，美国心理学会把坚韧力定义为"一种可开发的能力，它能使人从逆境、冲突和失败中，甚至从积极事件、进步以及与日俱增的责任中快速回弹或回复过来"。在临床心理学中，Ann S. Masten（2001）[①]女士总结到：坚韧力虽然组成结构一般，但是在人们适应感和发展过程中它有不同寻常的魔力。坚韧力不仅是一种反应性的恢复，同时通过征服各种挑战可以达到前馈控制的效果。坚韧力的结果变量（工作绩效、员工态度）在先前的许多文献中得

[①] Masten, A. S. (2001). Ordinary magic: Resilience processes in development. American Psychologist, 56: 227-239.

到了充分证明。Maddi（1987）[①]发现,在面对公司的大规模裁员时,如果组织内的员工拥有坚韧力这一积极的心理状态,那么他们就相对比较轻松地维持他们工作时的幸福感和行为绩效（eg.角色外行为）。Masten(2001)[②]研究发现坚韧力在工作场所应用上完全可以被发展。Reivich（2002）的研究支持了坚韧力的这种积极主动性,他们认为坚韧力可以帮助我们克服困难、适应环境、提高复原,主动学习新知识和经验的能力,从而进一步提高人们在组织中的合作和工作奉献。Luthans 等学者（2005）[③]以中国中西部三个企业的员工为样本的研究中发现,当企业面临较大的动荡和变革时,企业员工的坚韧力和组织绩效之间积极正相关。Larson 和 Luthans（2006）[④]研究发现雇员的坚韧力会影响他们的工作满意度。而 Youseef 和 Luthans（2008）[⑤]发现,雇员的坚韧力水平影响着他们的满意度、承诺和幸福感。虽然坚韧力最早出现在组织行为文献上,但是坚韧力作为一种积极的心理状态被研究的文献还是

[①] Maddi .The effectiveness of hardiness training. Consulting Psychology Journal, 50: 78-86.
[②] Masten, A. S. (2001). Ordinary magic: Resilience processes in development. American Psychologist, 56: 227-239.
[③] Luthans, F., Avolio, B.,Walumbwa, F., & Li,W. (2005). The psychological capital of Chinese workers: Exploring the relationship with performance. Management and Organization Review, 1: 247-269.
[④] Larson M, Luthans F. Potential .2006. Added value of psychological capital in predicting work attitudes. Journal of Leadership & Organizational Studies , 13-45.
[⑤] F Luthans, SM Norman, BJ Avolio, JB Avey（2008）, The mediating role of psychological capital in the supportive organizational climate-employee performance relationship, 219-238.

比较多的，Masten & Reed（2002）①认为通过培训可以提高坚韧力。坚韧力是能够被测量的（Block & Kremen, 1996②; Wagnild & Young, 1993③）同时坚韧力与工作场所的绩效是相关的（Coutu, 2002④; Luthans, et al., 2005⑤）。

但是现在随着不断丰富的积极心理学知识体系和积极心理学的研究，心理资本并不仅仅有上述这四项维度构成，许多学者也提出了另外积极构念，并在工作场所中有较强的适用性。在积极心理学文献中，对积极心理的构念并没有意见一致的、严谨的分类体系。但我们相信正是存在所提出的各种框架的交叉点，才让我们对心理资本有清楚的认识和理解。学者们认为一个经典的分类方法就是将心理能力分为认知和情感优势以及社会和更高层次的优势。其中心理能力的认知优势能力包括：Riegel（1975）⑥提出的创造力，也即组织中的员工用新颖的方法来解决日常生活问题的能力、建设性采纳新想法和新机制的

---

① Masten, A. S., & Reed, M. G. J. (2002). Resilience in development. In C. R. Snyder, & S. Lopez (Eds.), Handbook of positive psychology, 74-88. Oxford, U.K.: Oxford University Press.
② Block, AM Kremen. (1996).IQ and ego-resiliency: Conceptual and empirical connections and separateness. Journal of Personality and Social Psychology 70(2):349-61.
③ Wagnild, G.M.,&Young, H. M. (1993). Development and psychometric evaluation of the resiliency scale. Journal of Nursing Management, 1: 165-178.
④ Coutu D L.2002. How resilience works . 80 (5),46-51.
⑤ Luthans, F., Avolio, B.,Walumbwa, F., & Li,W. (2005). The psychological capital of Chinese workers: Exploring the relationship with performance. Management and Organization Review, 1: 247-269.
⑥ KF Riegel. (1975). Toward a dialectical theory of development. Human development, 18: 50-64.

能力,这种能力大多被作为结果变量进行研究,而不是将其作为绩效或者其他所期望的、与工作相关结果的前因变量;另外一个认知优势能力是 Avolio 等(2004)[1]提出的智慧(关于生活中的基本实用哲学的专家知识体系,包括对生活中的行为以及生活意义的知识和判断),和创造力一样,智慧也经常被作为独立变量看待,而很少将智慧看作组织绩效和所期待的态度性结果的预测变量。

情感和情绪优势能力包括;Harter(2002,2003)[2][3]提出的主观幸福感(对情感幸福感,心理幸福感,以及社会幸福感);Mihaly(1997)[4]的 flow(主要是当一个人在某个专业上拥有高超的才能,同时经历重大挑战时所体验的一种状态);Vinton(1989)幽默(包含三个维度:诙谐赞扬和娱乐他人;镇静看待自己所处的逆境;能让他人快乐的能力)。

社会能力包括:Emmons(2000)[5]的感恩和宽容(前者是

---

[1] Avolio, B. J., Gardner, W. L., Walumbwa, F. O., Luthans, F. and May, D. R. (2004). "Unlocking the mask: A look at the process by which authentic leaders impact follower attitudes and behaviors." Leadership Quarterly, 15: 801-823.

[2] Harter, J. K., Schmidt, F. L., & Hayes, T. L. (2002). Business-unit level relationship between employee satisfaction, employeeengagement, and business outcomes: A meta-analysis. Journal of Applied Psychology, 87: 268-279.

[3] Harter, J. K., Schmidt, F. L., & Keyes, C. L. M. (2003). Well-being in the workplace and its relationship to business outcomes:A review of the Gallup studies. In C. L. M. Keyes, & J. Haidt (Eds.), Flourishing: Positive psychology and the life well-lived , 205-224. Washington, DC7 American Psychological Association.

[4] M Csikszentmihalyi. Flow and the Psychology of Discovery and Invention.Harper Perennial, New York, 1997.

[5] Emmons,R.,A., & Crumpler, C., A.(2000).Gratitude. As a human strength: Appraising the evidence. Journal of Social and Clinical Psychology, 19: 56-59.

受到对方的赠予后，不论是对方给予的是有形的还是无形的都能引起一种感激或喜悦的感受；后者指对感知到的对方的错误行为的感情和情绪，从消极转化为中性或者积极）；Salovey，Mayer（1990）[1]的情绪智力（在组织中如何准确地感知、运用以及管理自己和他人的情绪，以便促进认知、情绪和社会交往能力的成长和开发）。更高层次的能力：Hill（2000）[2]的SpirituaI（主要是指在追求真理或者终极目标时所产生的感觉、想法、切身体验以及自己的行为）；Harter（2002）的真实性（在组织中结合自己内心的想法和感受真实表达自己，因此可以根据真正的自我行事）；Worline（2003）[3]的勇气（在一个现实组织中，个人有将不可能变为可能的能力）。对这些心理资本的维度进行研究，同时也研究他们和心理资本原有维度之间的关联，不仅能丰富对心理资本这个构念的理解，同时也能够丰富我们对这些明显与心理资本相关的积极构念的理解。这样做的目的就是给未来研究心理资本提供一些方向，以有助于对心理资本领域的扩展，并保持动态性（李超平，2008）[4]。

---

[1] Peter Salovey and John D. Mayer, (1990). Emotional Intelligence. Imagination, Cognition and Personality,9: 185-211.

[2] PC Hill, KII Pargament, RW Hood.(2000). Conceptualizing religion and spirituality: Points of commonality, points of departure Journal for the Theory of Social Behaviour,30: 51-57.

[3] Worline, M., & Quinn, R. 2003. Courageous principled action. In K. S. Cameron, J. E. Dutton, & R. E.Quinn (Eds.), Positive organizational scholarship: 138-157. San Francisco: Berrett-Koehler.

[4] 李超平. 心理资本 [Z]. 中国轻工业出版社.

三、周边绩效

1985年，Borman，Motowidlo，Rose和Hanser借用了三个以前出现过的概念：组织公民行为（Organizational Citizenship Behavior）、角色外行为（Extra-role Discretionary Behavior）和亲组织行为（Prosocial Organizational Behavior），对士兵绩效的有效性研究中发现，有些个体绩效（如坚强的决心、对组织忠诚、团队奉献精神）和军队士兵绩效的有效性相关联。然后在1993年，鲍曼（Borman）和摩托维德罗（Motowidlo）[1]在对组织的进一步研究中，他们发现组织中的人力资源部门主管人员在对新进员工引进和绩效考核中，组织只对工作中任务绩效特别关注，而忽略影响组织效能的周边绩效行为。由此Borman Motowido将周边绩效定义为"那些超出工作本身所要求的范围，但能为任务活动和程序提供组织的、社会的以及心理的环境，并独立贡献于组织的绩效"。整体绩效的行为即"周边绩效"（Contextual Performance）（Motowidlo和Scotter 1994）的内涵是相当宽泛的，包括人际因素和意志动机因素，如保持良好的工作关系、坦然面对逆境、主动加班工作等。

Motowidlo and Van Scotter（1994）以实证的方式将工作绩效区分为任务绩效和周边绩效，所谓的任务绩效包含两个层级，一个则是直接将原材料转为商品或者服务的行为，另一个则是

---

[1] Borman W C and Motowidlo SJ.(1993). Expanding the Criterion Domain to Include Elements of Contextual Performance. SanFrancisco: Personnel Selection in Organization.

借再度的补充原材料来服务与维持组织的技术核心,并且能提供重要的规划、协调与监督的功能使企业经营和管理更具有效率和效果。因此,任务绩效实质:藉由执行技术的过程或维持和提供技术上需求的方式,直接关系到组织核心技术的所有行为。相对应的周边绩效并不直接支持组织的核心技术,它包含的范围较广并且比较支持一般性组织和社会的心理的环境,而此环境是以技术核心得以运用的背景。在本研究中区分一下任务绩效和周边绩效也是有意义的,因为独立地衡量个人在组织全面价值的体现,虽然周边绩效并不能直接影响组织经营和管理上的效果,但它确实间接地甚至是严重地影响了任务绩效的执行过程。而且 Borman and Motowidlo(1997)也提到周边绩效对于组织在衡量全面绩效的重要性与日俱增,主要原因是:全球化竞争持续地提高对于员工努力需求水准的增加;以团队为基础的组织形态越来越受欢迎;组织缩减和衰退时需要员工有良好的适应能力和意愿;强调顾客服务导向的经营方式;能了解工作的意义比盲无目的的员工要好。

自从周边绩效行为在组织中越来越被重视以后,国内外学者对周边绩效的构成维度和概念边界作了大量的研究。Smith, Organ & Near(1983)[1]认为周边绩效并非是组织中管理者或主管要求部属也不是员工为获得组织给予的报酬而产生的,因

---

[1] Smith, C. A., Organ, D. W, & Near, J. P. (1983). Organizational citizenship behavior: Its nature and antecedents. Journal of Applied Psychology, vol. 68(4): 653-663.

此就提出了利他主义（altruism）和一般性顺从（generalized compliance）等两个维度，前者是指工作相关的事物上员工会自发协助他人；后者是指员工会遵从关于工作场所的规定和政策。Williams & Anderson（1991）[1]则将周边绩效分为直接对组织有利的组织公民行为（对组织声誉的维护、对组织资源的保护）以及对个人有利的组织公民行为（对直属主管的配合、尽力协助同事等）两类。Graham（1991）[2]提出：人际间互助（interpersonal helping）、个体进取心（aindividual initiative）、个人勤勉（personal industry）、忠诚支持四个维度，其中人际间互助指同事间要互帮互助。Borman 和 Motowidlo（1993）[3]在对不同的组织和各种各样的管理岗位进行分析后，认为组织中周边绩效行为具体可以被划分为：组织中的员工主动执行非角色内的工作任务、在工作时极其积极努力完成工作、热心帮助同事并主动在同事之间展开合作、对组织目标坚定不移、员工自觉遵守组织内部的规定。结合以往研究，Van Scotter 与 Motowidlo（1996）把空军975名机械师作为研究样本，通过上级的评价和自评，把周边绩效行为重新提炼分成两个方面：人际促进方面和工作奉献方面。人际促进是指在组织内部某些基于人际关系的行为能有利于组织目标的完成，其作

---

[1] Willians, L. 1., & Anderson, S. E. (1991). Job satisfaction and organizational commitment as predictors of organizational citizenship and in-role behaviors. Journal of Management, 17(3): 601-617.

[2] Graham, J. W. (1991). An essay on organizational citizenship behavior. Employee Responsibilities and Rights Journal, 4(4): 249-270.

[3] Borman W C and Brush D H. (1993).More Progress toward A Taxonomy of Managerial Performance Requirement [J]. Human Performance, (6): 1-21.

用机制是通过增进员工之间的人际关系，可以将组织内部员工的士气提高，来进一步加强员工之间的合作，从而消除提高组织绩效的阻碍因素。工作奉献是强调组织中员工的自律性和自发性行为，比如组织内的员工自觉遵守组织内部的规定、富于创新精神等。工作奉献是提高组织内员工的工作绩效的前提，工作奉献还包括大量的人为意志因素，工作奉献的显著表征是员工的目标导向性与主动性。员工周边绩效行为的具体表现包括组织中员工对所从事的工作尽职尽责、主动协助同事完成分内工作、员工间彼此合作、提出建设性建议、角色外行为的履行、严格遵守组织内部的规章制度等。周边绩效行为是比较重要的，因为这些行为在各方面有助于组织的有效性，从而塑造组织的、社会的和心理的环境，而这些环境可以作为任务行为和程序的催化剂而存在。周边绩效行为包括自愿地完成那些正式工作说明书上没有涉及的工作行为，帮助其他人和组织中的其他人合作来完成工作。

第二节　论文研究的理论基础

一、理论基础

对组织支持感研究主要是以社会心理学理论为基础，涉及社会交换理论、组织公平理论、互惠理论、差序格局理论、酬报准则和组织人格化思想等。心理资本研究的理论基础主要是积极心理学理论,此外还涉及正向情绪等。

(一)社会交换理论与互惠准则

社会交换理论是社会学和社会心理学的重要理论,社会交换理论兴起于1950年,它涉及不同范围内的社会交换,其思想来源于亚当·斯密(Adam Smith)和大不列颠的思想家的古典经济学。英国著名古典经济学家亚当·斯密系统研究了市场经济交换,结果发现交换和交易普遍存在于所有社会中,他认为人们在交易和交换中主要以追求物质性为目的,但是也提出要鼓励交换非物质性的资源,比如情感、服务和符号。弗雷泽爵士(1919)结合亚当·斯密的古典经济学提出:交换过程使人们为努力满足基本需求而产生的;只有在双方都认为有利可图时,交换过程才会形成互动模式。结合心理行为主义(巴甫洛夫的条件反射实验),现代交换论从行为主义那里借用了酬赏的概念,并用来解释功利主义的交换论遗产,酬赏概念经常被用来取代利润,主要是由于酬赏概念有助于交换论着吧人类行为看作是受心理需要驱动的。Homans(1961)[①]在交换的社会行为一文中提到,人际交往中的互动行为是一个过程,在这个过程中双方都要参与并且要交换彼此间有交换价值的资源。人们只有在觉得交换关系存在吸引力并且值得时才会不断与对

---

① Homans, G.(1961). Social behavior: It's elementary forms. New York: Harcourt Brace.

方互动。另外，Blau（1964）[①]认为社会互动首先存在于社会团体或者社会群体之中，人们之所以被某一团体或群体吸引，乃是因为人们可以从此团体或群体中获得更多的报酬和奖励，而且人们也乐于被团体或群体接受，因此为了能够被接纳，他们本人也要为团队或者群体成员提供某些回报。因此，人们基于种种理由才相互结合，一旦联系形成，各自都会彼此提供情感、尊重、爱护等内隐性（intrinsic）报酬，以及金钱、体力付出等外显性（extrinsic）酬报，用来维护和强化这种关系。

在解释人与人之间为何会互帮互助，学者就提出互利规范的观念，也即当人们彼此间帮助时，其实是期待着对方在未来会有所回报。这种回报的心理可能来自于两个方面，首先是主动提出援助，期待对方在将来某个时候加以实现自己的回报；其次就是针对对方提供之协助，而回报对方之相应行为或物品。自 Blau（1964）提出"社会交换理论"（social exchange theory），很多研究者都采取这一理论观点，用来分析组织工作态度和工作行为等研究主题。但就理论本身而言 Blau 建议，组织中的任何交换关系都可以区分为两种交易形态分别是经济交易关系（economic exchange relationship）与社会交易关系（social exchange relationship），在经济交易关系中人与人之间的交易形态着重与眼前利益的评量，因此交易关系是否成立，关键是在于交易双方对于对方所付出的交易标的物是否具有价

[①] Blau, P. M. 1964. Exchange and power in social life. New York: John Wiley.

值，因此对于自己所得是否值当便成为交易决策之基础。而社会交换关系中，人与人之间交易关系的成立，已经完全脱离经济评量的准则，相反这种交易形成的关键在于彼此之间的互动关系品质，当双方互动关系品质越好，眼前经济利益在交易决策中的重要性就越低，取而代之的是对双方交易利益所得的预期。

在社会交换关系中主导交换成立的逻辑在于互惠（reciprocation）准则。Gouldner[①]（1960）[②]的互惠准则主要是指出，人们应该去帮助哪些曾经帮助过他的人，或是人们至少不会去伤害哪些曾经帮助过他们的人。互惠理论内容十分丰富，主要体现在两方面：一是涉及众多学科，在社会学、心理学、管理学等学科中都有交叉；二是相关的互惠概念较多，不同的概念侧重点和层面也就不尽相同。人类学家Sahlins（1972）[③]研究礼物交换中，发现将礼物和商品交换看作是一个连续体的两个极端，得出三种交换：广义上的交换（Generalized Exchange）、平衡交换（Balanced Exchange）和消极交换（Negative Exchange），并据此提出互惠的三种类型，广义上的互惠（Generalized Reciprocity, GR）、平衡互惠（Balanced Reciprocity, BR）和消极互惠（Negative Reciprocity, NR），其中，广义互惠被理解为利他的行为，也就是说付出的

---

① Gouldner A. W.. The Norm of Reciprocity. American SociologicalReview, 1960, (25): 161-167.
② 李双燕，万迪昉. 互惠对工作要求——工作满意度曲线关系的调节作用 南开管理评, 2008, (11): 103-109.
③ Sahlins, M.. Stone Age Economics. New York: Aldine deGruyter, 1972: 193-194.

同时，并不要求对方给予相应的回报。Rabin（1993）[1]在解决委托代理问题中借助了互惠动机模型，模型中他对行为的善恶定义如下：如果牺牲自身利益然后增加了他人利益，就是善；相反，如果为了自身利益而减少他人利益，则是恶；否则就是中性。所以，组织中互动的行为人会按照行为动机是否公平使自己利益最大化，借用行为经济学理论，认为组织和员工之间所谓的"投桃报李"或者"以牙还牙"的互惠准则在现有组织中具有经济和福利意义。20世纪90年代初期，桑塔菲研究所（Santa Fe Institute）研究了组织存在的所谓纯奉献个案，提出了"强互惠"（strong reciprocity）理论。该理论观点是，人类本身具有利社会性（prosociality）偏好，因此有利于和谐秩序的生成；但是利社会性会对个体带来不利影响，使个体付出较高的成本。Fehr（1997）[2]在对契约实施工具的研究中发现，互惠不仅能够增加整体行动一致性、加强社会行为准则，而且互惠本身就是一种强有力的激励源。在研究组织问题中，企业作为一个拟人化的组织对员工的互惠行为扮演着重要的角色，Eisenberger（1986）[3]等对组织支持感的概念的构造，其含义主要指"员工感受到的组织重视自己的贡献和自己获得福利的程度"，其中就包含有互惠的思想。

而社会交换理论强调互惠行为会显著地影响雇员和组织的

---

[1] Rabin Matthew. Incorporating Fairness into Game Theory and Economics. American Economic Review, 1993, 83(5): 1281-1302.

[2] Fehr, E., Gachter, S., Kirchsteiger G.. Reciprocity as a Contract Enforcement Device: Experiment Evidence. Econometrica,1997, (65): 833-860.

[3] Eisenberger, R., R. Huntington, S. Hutchison, and D. Sowa,(1986). Perceived supervisor support. Journal of Applied Psychology, 71: 500-507.

关系，进而影响工作效率。相对于西方社会，所谓互惠或者是"报"的观念已经深深植根于华人社会中，在华人社会传统的人情关系中，施与受之间有着极其微妙的回报关系，施者讲究的是不求报以表圣人之德，但是受者必须在受到恩惠后在未来某一时间予以回报。Blau（1964）所提出社会交换理论中，信任（trust）与关系（relationship）是两种很重要的构念。由于在交换的过程中，有时无法保证对某个恩惠做出适当的回报，所以个体通过培养一种与别人的友好关系，使得对方更有理由相信他不会逃避他在双方关系中的义务。因此信任对稳定的社会关系也非常重要，而关系形态正式信任的重要表征。

因此从社会交换的理论的观点来看，员工以工作的付出来交换实质和形式的利益，当员工感受到组织对其的支持时，便会产生出某种心理上的义务，透过信任等态度上的改变，或者展现出来达成组织目标的行为来履行该义务，组织内工作是员工会依据社会交换关系的长期互动过程以互惠的原则来需求与组织间交换关系的平衡（Whitener，2001）。

（二）组织公平理论

组织公平（organizational justice）关心组织成员在工作环境中的公平知觉，从个人的角度来看，组织公平是自身当前和以后的物质利益以及心理感受；从人际关系来看，组织公平与个人的尊严和地位高低有关联；从组织管理来看，组织公平会影响上下级关系和组织绩效。公平最早出现在哲学范畴中，是可以追溯到 Plato 与 Socrates 时代的议题。公平的定义及其内涵是规范体系而定，如果一个行为符合规范伦理学或者某个哲的体系就是属于公平，换言之，不同规范体系决定什么是公平或者什么是不公平。但在社会科学领域中，组织公平是属于心理范畴的构念，是根据人们的知觉而来的，也就是说，一个行为公平与否是以个人的感觉而定的，要通过测试量表才能得知。公平的研究也会根据研究领域的转换，对事实的认定而转变为对个人心理知觉的研究（Colquitt, Colon, Wesson, Poter, & Ng, 2001）[①]。

在 20 世纪 60 年代，一些关注社会互动中分配结果公平理论相继被提出，促使组织公平成为社会科学中一个研究领域。Adams 是通过社会交换理论的架构来评估公平（equity）的，在 1965 年提出公平理论主张个人的工作动机是与其相同地位的同事之间比较后产生的，其理论指出，人们判断结果是否公平，是根据个人的贡献和投入（例如，教育、努力和经验）所得的报酬比率与其他人相比较后的结果而定，并且依据结果调整自己的行为以谋求心理上的知觉平衡。组织公平关注工作场所的公平知觉，是公平心理学在组织情景中的应用，组织成员对于自身或他人在组织中所收到的待遇，会形成一些感觉和看法，透过组织公平架构，有助于研究不同层

---

① Colquitt, J.A., Colon, D.E., Wesson, M.J.,Poter, C.O. & Ng, K.Y. (2001). Justice at the millennium: a meta-analytic review of 25 years of organizational justice research.. Journal of Applied psychology, 86(3): 425-445.

面上的个人经验。虽然最初的研究仅仅限于对结果的公平知觉（分配公平 [distributive justice] J.S.Adams, 1965）[1]但是后来新的公平维度又被加入，包括决定结果程序上的公平（程序公平 [procedural justice] Thibaut &Walker, 1975[2]；Leventhal et al., 1980[3]），人际之间相互对待的公平（人际公平 [interpersonal justice] Bies 和 Moag, 1986[4]）以及适当的和足够的信息（信息公平 [informational justice] Bies 和 Moag, 1986；Shapiro et al., 1994[5]）。

很多早期的组织公平都将焦点放在分配公平和程序公平上。分配公平的定义是：对组织资源分配的公平感知，包括诸如薪酬、奖金等。程序公平的定义是组织在执行程序时的公平感，这些程序包括了决定组织成员的升迁、解雇、工作绩效考核、奖金以及其他组织规定。而人际公平则认为是组织在执行程序时组织成员所感受到的组织对待，尤其是组织管理者的对

---

[1] Adams, J. S. (1965). Inequity in social exchange. In L. Berkowitz (Eds.), Advances in experimental social psychology (Vol. 2, pp. 267-299). NewYork: Academic Press.

[2] Thibaut, J., & Walker, L. (1975). Procedural justice: A psychological analysis. Hillsdale, NJ: Erlbaum.

[3] Leventhal, G. S., Karuza, J., & Fry, W. R. (1980). Beyond fairness: A theory of allocation preferences. In G.Mikula (Eds.), Justice and social interaction (pp. 167-218). New York: Springer-Verlag.

[4] Bies, R. J., & Moag, J. F. (1986). Interactional justice: Communication criteria of fairness. In R. J. Lewicki, B. H. Sheppard, & M. H. Bazerman (Eds.), Research on negotiations in organizations (Vol. 1, pp. 43-55). Greenwich, CT: JAI Press.

[5] Shapiro, D. L., Buttner, E. H., & Barry, B. (1994). Explanations: What factors enhance their perceived adequacy? Organizational Behavior and Human Decision Processes, 58: 346-368.

待，换句话说就是人际公平所关心的是当员工被解雇、发放奖金或者是其他组织中发生大事时，组织中员工是否受到尊重或被真诚对待。信息公平则被定义为：组织中的管理者在解释组织中的一项规则或程序时是否坦诚相对，是否出于某种特定的目的，是否及时合理全面。

以往高等院校作为事业单位，比较注重上下层级的服从关系，往往是校长或主任作为领导者和管理者传递信息或指令时，作为教师应该必须服从，即使心有怨言。然而随着社会价值观的改变以及相关法令的修正，凡事也开始出现沟通协调。在高等院校里如果领导者或者管理者的决策制定有欠公平，那么高校教师就是出现向心力减少，为组织付出心力的意愿也就下降，高等院校的成长和发展也会受到影响。因此高等院校了解组织公平内涵，进而提高学校成员的组织公平感知也是高等院校管理者或领导者不可或缺的。

综上所述，组织公平应该包括四个方面，即组织中物质分配公平（对分配结果的公平知觉）、过程公平（公正）、人际公平（公正）和信息公平。与之相对应的构念是组织不公平问题。不公平感会带来组织员工的心理紧张和内部冲突，由此所带来的结果是：组织中的员工为了减少心理上的紧张和消除组织内部的冲突则会用种种消极行为来应付这种不公平感。以下就是组织员工常见几种消极和情绪和反应：（1）竭力使自己的投入和收获现状改变。（2）尽力改变其他人的投入和收获状况，抑或给自己的参照对象制造麻烦使他人收入减少。（3）通过阿Q式消极的自我心理安慰。(4)发牢骚或者制造人际矛盾。(5)采取离职,以去除其感知不公平的状态。

(三)组织人格化思想、酬报准则和差序格局理论

组织人格化思想是由Levinson在1965年提出来的,在该理论中他提出组织的员工会把自己所处的组织视为一个有人格化的机构,因此员工也相应地会把组织对待自己的态度和行为与在人类社会之间的关系加以对比。这样组织员工往往会将组织代理人或者自己主管的行为和意图理解为组织的行为和意图,员工会将组织通过代理人所表现出来的是否关心他们所做出的贡献和他们的福利,作为评判组织是否重视他们的外现。一旦组织中员工将组织拟人化,那么员工和组织之间就存在相互之间的交流、交易和交换行为。对于酬报和互惠准则(norm of reward and reciprocate)也即"投之以木瓜,报之以琼琚"的社会回报规范,常见的社会规范总是给我们要求回报那些给予过我们帮助和支持过我们的人。假如说在组织公平理论中是以交换的即时性原则为主的话,那么酬报和互惠准则就显现出了在社会交换中的延滞性原则。由费孝通(1948)的差序格局概念,我们可以知道人际交往模式有以自我为中心的特色,人们通常在社会中以自我为中心,把与自己相互交往的人按亲疏远近分为不同大小的圆圈,与中心越贴近的人就越亲近,互动会不断加深。也即个体会依据不同角色关系来界定彼此的互动

条件与内容。Graen（1976）[1]发现与组织管理人员保持良好关系的员工，就会比较愿意为主管付出更多。员工将组织拟人化后，组织与员工关系的远近也就决定员工愿意为组织付出多少。大体来说，就是组织与员工相互关系比较融洽，那么双方就会保持高度的信任、尊重和互帮互助。对于员工和组织，如果组织给予员工比较高的关注和关心，那么员工基于互惠也会乐于奉献自己的知识、能力和忠诚。

（四）积极心理学理论

心理资本的起源主要是受积极心理学的理论的影响。Martin E. P. Seligman（2000）提到心理这个学科出现有三个独特的使命：治疗心理疾病、使所有人的生活丰富多彩以及识别和培养天才。在美国早期的积极心理学主要关注的是天赋异禀（Terman，1939）[2]、夫妻双方的婚姻幸福（Terman, Buttenwieser, Ferguson, Johnson, & Wilson, 1938）[3]、有效的培养教育（Watson, 1928）[4]和生命意义的发现（Jung, 1933）[5]。在1946年越南事务局建立后，数以千计的心理学家发现他们

---

[1] Graen, G. (1976). Role-making processes within complex organizations. In Dunnette, M. D. (Eds.), Handbook of industrial and organizational psychology: 1204-1245.

[2] Terman, L. M. (1939). The gifted student and his academic environment. School and Society, 49: 65-73.

[3] Terman, L. M., Buttenwieser, P., Ferguson, L. W., Johnson, W. B., & Wilson, D. P. (1938). Psychological factors in marital happiness. New York: McGraw-Hill.

[4] Watson, J. (1928). Psychological care of infant and child. New York: Norton.

[5] Jung, C. (1933). Modem man in search of a soul. New York: Harcourt.

以治疗心理疾病谋生,在 1947 年美国国家心理卫生研究所成立,其主要关注心理病理学。正如 Seligman 所言:"当一个国家或民族受困于饥饿和战争时,心理学的主要任务是抵御和治疗创伤;但在和平时期,心理学的使命是致力于让人们生活得更美好。"[①]20 世纪五六十年代,马斯洛、罗杰斯等人本主义管理学家开始研究人性积极的一面,对现代心理学的理论产生了深远影响,在一定程度上引起心理学家对于心理活动的积极一面的重视。但是在 20 世纪五六十年代的时代背景下,人本主义管理学家的努力并没有使主流的心理学研究主题发生根本的转移(究其原因是他们的研究主要依靠个人的观察、体验和传记资料,缺乏必要的实验手段及实证根据)(李金珍,2003[②];崔丽娟,2005[③])。

这种对心理疾病的治疗确实带来了许多好处,对心理疾病的治疗研究起到了很大的推动作用,同时也治愈和减轻大量的精神疾病(Seligman,1994[④])。但是心理学科的另外两个使命被淡忘了。将这种研究过程移植到组织和员工中,这种消极的方法把焦点放在了减少错误,使组织无法通过一种新的积极途径来发现和培育员工,使员工精神焕发来建立可持续组织的竞争优势。积极心理学是关于研究人的发展潜力和美德等积极品

[①] Ruark J. Redefining the Good Life: A New Focus in the Social Sciences. APA online See: Http://www.apa.orgied/good life.htm/.

[②] 李金珍,王文忠,施建农. 积极心理学:一种新的研究方向. 心理科学进展 [J]. 2003:321-327.

[③] 崔丽娟,张高产. 积极心理学研究综述. 心理科学 [J]. 2005:402-405.

[④] Seligman, M. (1994). What you can change & what you can't. New York: Knopf.

质的一门科学，积极心理学的目的是促进本学科焦点从关注如何补救生活中的最糟糕的事情到构建积极的品质（Martin E. P. Seligman，2000[①]；Sheldon & King，2001[②]）。应该说这是心理学研究价值趋向的一种重新选择，也是对消极心理倾向的一种颠覆，同时也是在新的社会背景条件下对积极心理学的深刻理解。在社会中和组织中，积极心理学充分体现了以人为本的理念，倡导积极人性，消除了以往心理学过于偏重具体问题，真正恢复了心理学本来应该保有的功能和使命。积极心理学倡导用一种开发赏识的眼光来看待一个人，取人之长，在组织中强调积极心理学要重点研究普通员工所具有的积极力量，重点研究心理健康向上所带来的力量，而非仅仅关注如何消除心理疾病。Seligman（2002）[③] 提出积极心理学有三根重要支柱：积极情绪研究、积极特质研究和积极制度研究。积极心理学倡导积极解释个体或社会中所出现的问题，可以让个体或社会从中获得积极意义与力量。积极心理理论可以激发个人自身所固有的某些实际的或潜在的积极的优秀品质，积极心理学主张以人的积极行为、善行与美德作为理论的研究对象，强调积极心理学不仅仅要帮助人们在处于"逆境"条件下如何求得生存和发展下去，而且更重要的是帮助人们处于正常境况下如何学会怎样

[①] Seligman M E, Csikszentmihalyi M. Positive Psychology : an Introduction, American Psychologist, 2000, 55(1): 5-14.

[②] Sheldon M, King L. Why Positive Psychology Is Necessary. American Psychologist, 2001, 56 (3): 216-217.

[③] Seligman M E. Authentic Happiness: Using the New Positive Psychology to Realize Your Potential for Lasting Fulfillment., Ph.D. New York, Free Press, 2002.

提高个人生活与社会生活质量。这些观点与现代管理思想比较契合，大大推动了组织行为学和人源管理实践中大力倡导的使用积极管理方法来开发、利用个体员工的积极力量，这就为心理资本的提出做好了理论铺垫和理论基础。

从20世纪末到21世纪初，积极心理学运动不断开展，许多学者将其和工作环境相结合，将其引用到组织中，比如受到积极心理学理论的启发，Fred Luthans（2002）提出积极组织行为学构念，同时将其定义为：对组织绩效有显著影响的人力资源优势和心理能力的研究，特性包括"可以测量的、可开发的"。文章中还提出关于积极组织行为核心内容模型，包括自信心（confidence）、希望（hope）、乐观（optimism）、主观幸福（subjective well being）、情绪智力（emotional intelligence）等。同年，Fred又进一步提出界定POB概念延伸的五个标准，即（1）与绩效相关联（performance-related）；（2）可测量（measurable）；（3）可以开发的（open-to-development）；（4）独特的（unique）；（5）积极性（positive）。积极组织行为学理论是建立于积极心理学的研究理论上，但与积极心理学理论存在着区别，主要体现在研究重点上，前者研究侧重于可以改变的心理状态上，而不是很难改变的心理特质上。Luthans（2002）[1]把积极心理学理论应用到传统的组织行为学中，提出了积极组织行为理

---

[1] Luthans, F. (2002a). The need for and meaning of positive organizational behavior. Journal of Organizational Behavior, 23: 695-706.

论 Positive Organizational Behavior，简称 POB），为积极组织行为学研究的具体内容提出了相应的标准，即必须有清晰的概念（有理论和研究基础）；拥有积极的意义（积极性）；相对于传统组织行为学研究领域内容的独特性（独特性）；有效的测量（可测量性）；适合进行工作中的管理开发和员工训练（类状态性而非类特质性）；能有助于改善工作绩效等一系列标准，POB 把应用研究的重点放在了积极心理状态如何对组织中领导和员工绩效的影响。这些理论都为心理资本构念的提出奠定了理论基础，心理资本就是以 POB 的基础和标准推导出来的构念（曾晖，2007[①]；王兴琼，2009[②]）。

积极组织行为学家的使命就是要发现和确认符合以上标准的积极心理能力，并将其与组织结果联系起来（Luthans，2002）。在 2002 年，Seligman 教授提出心理资本 psychological Capital，简称 Psy Cap）的构念。他借用经济学上的理论，结合以前出现过的人力资本、社会资本，将导致个体积极行为的心理因素纳入资本的范畴，这一观点使研究者的思路大大开阔，并引发了大量学者研究心理资本。其中，Fred Luthans、Youssef 和 Avolio 等人对心理资本理论发展与实践做出了重要贡献，起到非常大的推动作用。2004 年，Luthans 和 Youssef 以积极心理学和积极组织行为学的观点作为理论架构，区别分

---

① 曾晖，赵黎明. 组织行为学发展的新领域——积极组织行为学 [J]. 北京工商大学学报 (社会科学版)，2007：84-90.
② 王兴琼，陈维政. 积极组织行为学与组织健康 [J]. 经济管理，2009：91-95.

析了经济资本、社会资本及人力资本的特点后提出了组织管理中的心理资本构念：组织中个体拥有的积极心理要素，具体表现为符合积极组织行为标准的心理状态，它超越了人力资本与社会资本，并能够通过有针对的培训与开发后可以使个体获得其需要的竞争优势。Fred Luthans 从积极组织行为学所需要的标准的角度出发，认为心理资本的要素选择要符合以下几个标准：（1）强调个人积极性；（2）独特性；（3）具有理论与研究基础；（4）可测量和评价；（5）能够被开发和管理，并对组织中的个人行为、绩效、态度这些组织结果能够产生积极影响的心理状态。Luthans 等（2004）[①]指出，自信、希望、乐观、坚韧力这些积极心态都符合 POB 的要素要求，可以成为心理资本的构成要素，也明确把自信、希望、乐观、坚韧力这四种积极心理状态合并成为多维构念被称为心理资本。

二、研究模型构建理论基础

20 世纪末，心理学研究重点由认知路径转向情感路径，与之相伴的是在人力资源管理研究领域中对于组织成员的情绪和情感研究日益受到关注（Briner，RB，1999）[②]。许多研究者开始深入分析工作中具体情绪和情感（积极或者消极情

[①] Luthans, F., & Youssef, C. M. (2004). Human, social, and now positive psychological capital management: Investing in people for competitive advantage. Organizational Dynamics, 33: 143-160.

[②] Briner, R. B. (1999). "The neglect and importance of emotion atwork", European Journal of Work and OrganizationalPsychology, 8: 323-346.

绪）的前因变量和结果变量（Ashkanasy and Daus, 2002[①]；Ashkanasy, Zerbe and Ha ̈rtel, 2002[②]；Brief and Weiss, 2002[③]；Briner, 1999；Payne and Cooper, 2001[④]；Wegge, 2004[⑤]）。Weiss and Cropan Cropanzano（1996）[⑥]提出了研究工作中情绪、情感和工作满意的新的架构——情感事件理论。情感事件作用机制的研究在本质上主要是在探讨组织环境通过积极或者消极情绪这一中介变量对组织成员的行为和表现产生影响的路径关系。情感事件理论认为稳定的工作环境特征影响到积极与消极的情感事件的发生，而对这些事件的体验导致情感反应，情感和感情反应同时也受到个体特质的影响。Weiss 和 Cronpanzano 提出的情感事件理论中解释工作场所中员工情感的结构、前因与后果（图2-1）。他们认为：（1）组织中员工在工作中的情绪或者情感经历与他们对工作的评判性判断（工作满意）是两个截然不同的构念。情感事件理

[①] Ashkanasy, N. M. and C. S. Daus (2002). "Emotion in the workplace: The new challenge for managers", Academy of Management Executive, 16: 76-86.

[②] Ashkanasy, N. M., W. J. Zerbe and C. E. Ha ̈rtel (2002). Managing emotions in the workplace. Sharpe, Armonk.

[③] Brief, A. P. and H. W. Weiss (2002). "Organizational behavior: Affect in the workplace", Annual Review of Psychology, 53: 279-307.

[④] Payne, R. L. and G. L. Cooper (2001). Emotions at work. Wiley, New York.

[⑤] Wegge, J. (2004). "Emotionen in Organisationen" ['Emotions in organizations']. In H. Schuler (Eds), Enzyklopa ̈die der Psychologic. Organisationspsychologie - Grundlagen und Personalpsychologie (Encyclopedia of Psychology. Organisational Psychology - Basics and Personnel Psychology), 673-749. Hogrefe, Go ̈ttingen.

[⑥] Weiss, H. M. and R. Cropanzano (1996). "Affective events theory: A theoretical discussion of the structure, causes andconsequences of affective experiences at work", Research in Organizational Behavior, 18: 1-74.

论最基本的假设是工作幸福被概念化作为一个工作的评判性判断，这与工作幸福的其他定义一致。但是情感事件理论进一步提出关于工作和工作表面上的评价不应该和员工在工作中经历过的情感和情绪混淆。因为这些情绪和情感的前因变量和结果变量与工作中可估价性评价的成因截然不同。更具体来讲就是情感事件理论一方面情感和情绪的情感状况典型地包含生理成分能有许多影响。这些生理反应成分不一定和幸福相关联。另一方面对一些具体事件的评判性评价经常被周围的情景和价值观所影响。但是这些因素都不一定涉及情绪的爆发。而且积极和消极的情绪诸如愤怒和自豪有实质上不同的前因和后果，以至于工作中积极和消极的情绪反应是弱相关的。所有这些结论都暗含：如果说工作幸福涵盖了工作中所有的积极和消极的情绪的话，那么肯定有些信息丢失了。

（2）情感事件理论中所涉及的事件是在组织的工作情景中发生的、紧接着能对工作环境的变化起到一定作用的事情。激发员工情绪和情感反应的直接原因是工作中发生的事件。以往研究一直认为是直接影响员工情感的工作环境特征只是通过引起事件的发生来间接影响人们的情感（张秀娟，2008）[①]。

（3）组织中员工的工作行为可具体分为情绪驱动型和态度驱动型。其中情绪驱动型直接由情绪和态度体验触发，中间没有经历任何中介变量。态度驱动型则是员工在工作环境中经

---

① 张秀娟. 顾客不公平交往行为对员工工作绩效的多层次影响 [J]. 南开管理评论，2008：96-103.

历某个事件后,紧接着对情感事件进行认知性评估,然后再经过深思熟虑后而采取的行动。如组织成员所处的压力性位置(环境特征)导致组织成员受到代表组织形象的主管的公开积极评价(事件),由此产生自信或者乐观(情感状态),然后又影响到工作中的积极奉献(态度)。

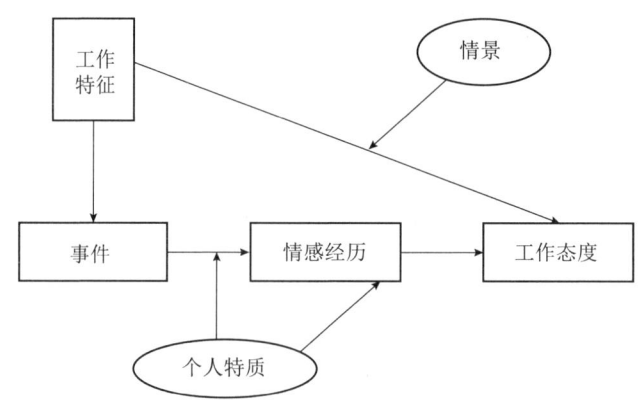

图 2-1 情感事件理论基本框架
(Weiss and Cropan Cropanzano,1996)

情感事件理论的主要贡献是明确论述区分了情绪驱动型和态度驱动型,指出组织中角色外行为或者工作表现主要属于情绪驱动行为,以情绪驱动为主,而不是受态度驱动,从而为学术界长期未能确定满意感与工作绩效的关系找到了合理的依据。该理论为探讨情感在工作场所的作用机制、情绪与工作绩效(表现)的关系等多年困扰学术界的问题指出了新的思路。

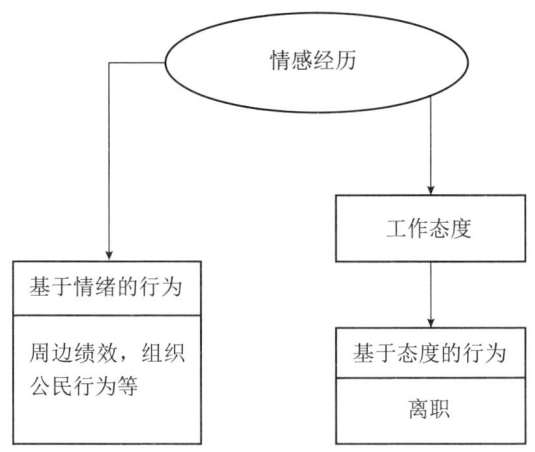

图 2-2 情感事件理论关于情感经历的结果变量展示
（Jurgen Wegge，2006）

高等院校属于社会中不可或缺的组织，这种组织一般来说被认为是充满了情感的环境：组织中成员的情感和感情是特质与状态的形式存在，与工作态度、行为、绩效以及认知活动等交织在一起相互发生影响；领导者行为和组织氛围，工作特征以及工作中事件都会引发工作者的情绪性和感情反应，进而影响到组织的工作气氛、工作绩效、组织公民行为（Jurgen Wegge，2006；张剑，2007[①]；张秀娟，2008）。

高等院校教职工处于组织之内，就不可避免地处理各种工作事件，也就不可避免地产生各种事件给其带来的压力。涉及教职工压力这个词，研究者在 20 世纪 40 年代已经出现（Turk，

---

① 张剑.情感：人员管理研究领域中的新热点[J].北京科技大学学报（社会科学版），2007：38-43.

Meeks, & Turk, 1982)。其被定义：当教职工遇到的问题超越了他们的能力，同时威胁到他们的福利时存在不高兴和消极的情绪（Kyriacou, 1980[①]; Kyriacou & Sutcliffe, 1978[②]; Lazarus, 1974[③]）。高等院校教职工面临各种各样情绪工作，比如，情绪失调（在工作中感觉到愤怒或者不愉快时鉴于自己的角色还要表现出幸福），这种凭意志压抑而表现出来的积极情绪和对自己感情连续自我控制是要求极高的（Brotheridge and Lee, 2003）[④]。这种凭意志控制的情绪大量消耗了工作能量，随之而来的就是情绪低落，工作绩效和工作奉献减少（Baumeister et al., 1998）[⑤]。

基于情感事件理论框架，同时结合学者 Fred Luthans, Carolyn M Youssef（2006）等提出对于心理资本理论研究今后应该着重对下列问题：不同的文化背景下研究心理资本与周边绩效行为之间的关系；考虑到组织支持（organizational

---

[①] Kyriacou, C. (1980). Sources of stress among British teachers: The contribution of job factors and personality factors. In C. L. Cooper & J. Marshall (Eds.), White collar and professional stress. New York: Wiley.

[②] Kyriacou, C., & Sutcliffe, J. (1978a). A model of teacher stress. Educational Studies, 4: 1-6.

[③] Lazarus, R. S. (1974). Psychological stress and coping in adaptation and illness. International Journal of Psychiatry in Medicine, 5: 321-333.

[④] Brotheridge, C. M. and R. T. Lee (2003). "Development and validation of the emotional labour scale", Journal of Occupational and Organizational Psychology, 76: 365-379.

[⑤] Baumeister, R. F., E. Bratslavsky, M. Muraven and D. M. Tice (1998). "Ego depletion: Is the active self a limited resource?" Journal of Personality and Social Psychology, 74: 1252-1265.

Support）变量时，心理资本与周边绩效行为之间的关系研究。因此我们就建立如下一个理论模型假设：工作环境中的事件发生，然后产生组织中员工对事件的感知（组织支持感），感知促使员工的积极和消极情感经历（心理资本）的形成，从而对基于情绪的行为（周边绩效）的形成。同时员工感知到的组织支持事件也对周边绩效行为直接产生影响。

第三节　组织支持感对个体行为绩效影响的相关研究

一、国内外相关研究

自组织支持感知被引进学术研究以来，国内外学者对其做了广泛的研究，其中大多数的研究是集中在组织支持感对组织绩效和员工行为绩效的影响作用。知识经济下的组织很早都意识到知识工作者行为绩效的重要性，除了致力于留住优秀的知识工作者、善用其专业能力以外的另一个重要的课题是如何促进知识工作者之间彼此相互协助、合作以及分享知识，使个人独特的经验能在组织中扩散，本身也能吸收他人宝贵的经验和知识，组织可因此发挥加乘综合效应，充分发挥智慧资本，并创造竞争优势。高等院校的竞争优势之一是内部教职工的工作表现，也即所谓教职工的工作绩效，是所有与高等院校目标有关的行为，并且此行为可依据个体对组织目标贡献程度高低予以测量。而组织绩效是一个多维构念，现今广为学者所接受的分类方式，即 Borman & Motowidlo（1993）参考 Campbell（1990）的研究架构所提出来的任务绩效（task performance）和周边绩效。此分类和 Katz & Kahn（1978）所提出的角色内行为和角色外行为有异曲同工之处。周边绩效是有助于组织目标达成的员工个人行为，当组织内部的成员，有越高的比例愿意自发地产生角色外行为，那么就能进一步提高周边绩效，此组织的竞争优势和绩效就势必超过比例较低者。由于目前对于组织支持感和周边绩效影响的国内外文献相对比较缺乏，本研究适当放宽文献的选取标准，主要关注组织支持感对涉及组织绩效的周边绩效、角色外行为、利社会的组织行为以及组织公民行为[①]的相关研究。对于组织支持感和周边绩效、角色外行为的研究集中在以下两个方面：一个是基于社会交换理论视角，主要以组织和员工互动关系来研究组织支持感对个体绩效的影响；另一个是基于情感事件理论视角，研究组织中的事件对员工情绪的影响，进而影响个体绩效。

---

① Brief and Motowidlo（1986）对利社会组织行为和组织公民行为之间主要的区别做了详细的阐述：利社会组织行为可能是角色内要求的，也可能是角色外的行为，而组织公民行为只是角色外行为，利组织行为可能对组织产生负面影响而对个人则是正面影响。比如帮助一个有个人问题的同事是由于利组织行为，但是有可能会错过组织要求工期的最后期限。Brief and Motowidlo（2000）又提出在个人层面上者几种构念基本相同，只是侧重点不同。

（一）基于社会交互理论和互惠准则视角的研究

随着社会交换理论和互惠准则概念的引入，Eisenberger et al. 提出了组织支持感（Perceived Organizational Support，简称 POS）理论，认为组织应该能够关心员工福利和需求，并且提供赞扬、表彰和重视有贡献的员工。而作为交换，组织将得到员工的信任、尊重和喜欢，从而建立较高水平的相互作用。在研究中组织支持感体现了个体对组织支持程度的个人感受，是属于组织员工个人认知层面的构念。

许多研究曾对组织支持感与员工周边绩效行为、利组织行为和角色外行为做了许多研究，不同的研究所表现出的结果大相径庭。Eisenberger 等人（1986）及 Shore 和 Wayen（1993）认为组织支持理论可以用来解释员工对组织的感情性承诺，他们以 276 对主管和员工的配对样本做研究，针对承诺和组织公民行为的研究发现，组织支持感对组织公民行为有正相关关系，同时该研究还针对组织支持感对组织公民行为中利他和一般性服从做了分析，研究结果呼应了 Organ（1990）的发现。这一观念是假设为了达到社会情感的需求，可评估组织愿意提供报酬以增加员工对组织的风险和努力，而且员工也从一般的福利来看待组织是否重视他们的贡献、是否关心他们的福利。基于互惠的基本形式，组织支持可以从组织的福利创造出知觉性的恩惠，以协助组织达到既定的目标和目的。因此员工可能经由更高程度上的情感性承诺来回馈和回报组织，同时还可以激励员工回报组织对他们福利的关心。同时 Eisenberger et al.（1990）、Witt（1991）、Shore &Wayne（1993）、Wayne et al.（1997）研究中发现组织支持感与个体组织公民行为之间有显著的正相关关系，而且组织支持对组织公民行为具有相当的解释能力。George 和 Brief（1992）认为，组织支持感有助于组织中员工个体利组织行为的出现，其中包括协助组织规避风险，提出有助于组织成长的建设性建议，自主获得对组织有益的知识等。另外，Moorman et al.（1998）结合美国 157 对主管和员工为样本时指出，组织支持感与公民行为中的人际互助、勤奋、忠诚维度之间也存在显著的正向关系。Wayne, Shore 和 Tetrick（2002）对员工和主管未配对样本进行研究中发现组织支持感对角色外行为有显著的影响，基于社会交换理论，组织支持感能使员工产生对组织的义务感，所以会影响员工对工作行为的表现，从而产生利于组织的角色外行为。

也有学者发现组织支持感与员工周边绩效行为之间的相关性不大或者无相关性（Wayne, 1993；Cropancano, 1997；Lagace, R. R. 1990；陈心田, 2003；Liden, 2003）。ayne（1993）和 Liden（2003）员工的组织支持感对组织公民行为不具有直接影响，其原因是组织中员工会推论将组织对他们的支持视为一种和组织主管之间关系的表现，也就是代表当员工感知到较多的组织支持时，基于社会交换关系可能会解释这样的结果是因为主管和员工关系良好造成的。而 Cropancano（1997）和陈心田（2003）则认为可能是由于组织层级的限制，因此属于组织制度较多层面的部分，而在组织各项制度层面的执行上，组织中的员工不易直接感受到组织的善意。

在Bishop et al.(2000)的调查中也发现，员工感知到的组织支持会提高组织承诺，进而提升员工的组织公民行为（概念上接近周边绩效行为）。LePine, Hanson, Borman, & Motowidlo（2000）的研究中发现，工作团队或团体的效能，除了受到所有成员任务绩效（task performance）的影响外，成员间所表现出来的周边绩效也有正向的影响效果。Bettencourt et al.（2001）则发现，组织支持感与角色外行为有显著的正向关系。Eisenberger et al.(2001)所调查发现，当员工感觉到较高的组织支持感时，他们将因此而增加对回报组织的责任感，因而表现为较高的工作奉献。而在Rhoadesand Eisenberger（2002）的元分析中发现，员工感知到的组织支持与员工的角色外行为之间有显著的正向关系（校正后r=0.22）。但也有学者发现，组织支持感与员工周边绩效行为之间的相关性不大或者无相关性（Lagace, R. R. 1990）。中国学者凌文辁结合不同属性的组织，对600名员工做了组织支持感对利他行为进行了研究，发现组织支持感对组织中员工利他行为进行预测时，只有工作支持因子对员工的利他行为有一定的预测能力（r=0.352）。

通过上述文献可以看到，组织支持感与周边绩效的关系仍有必要在中国情景下得到验证。本研究将周边绩效视为结果变量，探讨组织支持感与周边绩效之间的关系。对于高等院校教职工群体的相关理论研究还略显欠缺，所以有必要在中国情景下探讨高等院校教职工感知到的组织支持与周边绩效行为的关系。

(二)基于情感事件理论视角的研究

情感事件理论的主要贡献是明确论述、区分了情绪驱动型和态度驱动型,指出组织中角色外行为或者周边绩效行为主要属于情绪驱动行为,以情绪驱动为主,而不是受态度驱动,从而为学术界长期未能确定满意感与个体绩效的关系找到了合理的依据。该理论为探讨情感在工作场所的作用机制、情绪与工作绩效(表现)的关系等多年困扰学术界的问题指出了新的思路。

组织中成员的情感和感情是特质与状态的形式存在,与工作态度、行为、绩效以及认知活动等交织在一起相互发生影响;领导者行为和组织氛围,工作特征以及工作中事件都会引发工作者的情绪和感情反应,进而影响到组织的工作气氛、工作绩效、组织公民行为(Jurgen Wegge,2006;张剑,2007[①];张秀娟,2008)。

组织中不可避免地处理各种工作事件,也就不可避免地产生各种事件给其带来的压力。压力这个词,研究者在20世纪40年代已经出现(Turk, Meeks, & Turk, 1982)。其定义为:当组织中员工遇到的问题超越了他们的能力,同时威胁到他们的福利时存在不高兴和消极的情绪(Kyriacou,1980FFFF;

---

① 张剑.情感:人员管理研究领域中的新热点[J].北京科技大学学报(社会科学版),2007:38-43.

Kyriacou & Sutcliffe, 1978[①]；Lazarus, 1974）。组织中员工不可避免地面临着各种各样情绪的工作，比如，情绪失调（在工作中感觉到愤怒或者不愉快时鉴于自己的角色还要表现出幸福），这种凭意志压抑而表现出来的积极情绪和对自己感情连续自我控制是要求极高的（Brotheridge and Lee, 2003）。这种凭意志控制的情绪大量消耗了工作能量，随之而来就是情绪低落，工作绩效和工作奉献减少（Baumeister et al., 1998）[②]。

而在组织中员工在面对不同事件时，会出现不同的情绪和情感。当组织中员工感知到组织支持时，会出现积极的情绪和感情。Georgeand Brief（1992）认为，在一些足以表现员工价值与成就的工作，可以提高员工的积极情绪，因此组织支持感可以提高员工的积极情绪（Eisenberger et al., 2001）。在 George et al.（1993）以及 Eisenberger, Rhoades, and Cameron（1999）所做的调查中均发现组织支持感对积极情绪有显著的正向相关（r=0.28 & 0.40, p<0.01）。而在 Rhoades and Eisenberger（2002）的元分析中也发现员工感知到的组织支持与积极情绪逐渐有显著的正向相关（校正后 r=0.49）。

另外不同的学者也认为积极的情绪和情感可以提高组织周边绩效行为和角色外行为。George and Brief（1996）根据期望

[①] Kyriacou, C., & Sutcliffe, J. (1978a). A model of teacher stress. Educational Studies, 4: 1-6.

[②] Baumeister, R. F., E. Bratslavsky, M. Muraven and D. M. Tice (1998). "Ego depletion: Is the active self a limited resource?" Journal of Personality and Social Psychology, 74: 1252-1265.

理论曾指出积极情绪可以提高个体的组织公民行为。同时他们还引用目标设定理论认为具有积极情绪的人可以设定好自己较高的目标,从而也会自发地提高自己的角色外行为。Weiner(1985)也认为具有积极情绪的员工会人后外人的批评不断投身奉献于工作(Burke, Brief, & George, 1993)。中国学者张秀娟(2007)对通信企业的44个团队共568名员工和主管进行了问卷调查,发现积极情绪对个体绩效(协助管理人员工作)有积极的正相关关系。

二、现有研究的不足以及对本研究的启示

(一)现有研究的不足

上述学者的研究都为本研究组织员工的行为绩效提供了重要的理论指导,然而仍存在以下几个方面的不足:

1.研究对象上的拓展不足。目前关于组织支持感对周边绩效作用的研究主要是以营利性组织(国有企业、集体企业、私营企业)为对象展开研究的,而针对高等院校这种非营利性组织的研究相对不足。由于研究对象上的差异,在管理实践上可能存在较大的不同,研究对象上的不同会进一步影响组织支持感对周边绩效的作用关系。由于高等院校在中国情景下的特殊性,其所处环境、发展历程以及组织目的都与营利性组织有较大的差别,前文所述的相关理论研究可能很难为高等院校教职工组织支持感对周边绩效的管理实践提供良好的理论指导,为

此有必要对高等院校教职工这一特定群体展开相应的研究。

2. 中介作用机制研究上的不足。前文对组织支持感和周边绩效的相关研究大都是以组织支持感对周边绩效的直接作用来展开的，或者是以积极情绪作为组织支持感的结果变量单独研究，或者是以积极情绪作为周边绩效的前因变量单独研究，没有将这三个变量综合进行考虑。Rhoades and Eisenberger（2002）曾经针对员工感知到的组织支持的相关文献做过理论整理和归纳，他们提出组织支持感之所以和许多员工行为绩效（比如周边绩效，组织公民行为）有显著的相关性，其中间机制可能会是通过互惠机制与满足社会情绪需求两种机制：前者讲求的是当员工感受到高度的组织支持时，引发回报组织意愿，因而表现为正面的行为绩效；后者指高度的组织支持可能引发员工积极情绪，进而表现为较高的行为绩效。这种可能性需要在高等院校这种特殊的组织中得以验证。

3. 权变作用机制研究的不足。管理实践是一种环境依赖活动，同时也是以人为主的活动，上述的相关研究很少涉及组织中员工自身的特殊性和自变量交互对因变量产生作用。中国是一个拥有悠久历史文化传统的国家，同时随着改革开放的深入，欧美文化的不断渗透，在国人身上就不可避免地存在两种文化的撞击。本研究将员工的传统性视为影响周边绩效过程的权变作用变量，具体到对组织支持感和周边绩效过程的影响，"滴水之恩，当涌泉相报""投之以木瓜，报之以琼琚"等传统的中华美德都像中国人酬报的价值观，。如果传统性的员工对组织支持有强烈的感觉，那么对于传统的中国人来讲，就会有强烈并稳定的信念履行自己周边绩效行为的愿望。

（二）对本研究的启示

结合国内外已有文献，针对上述相关研究的不足，将组织支持感和高等院校这一特殊性组织结合起来，对高等院校教职工组织支持感与周边绩效作用关系进行探讨，结合社会情绪机制，将心理资本这一积极情绪纳入组织支持感和周边绩效关系中去做中介效应研究。因此重点研究内容包括：（1）高等院校教职工的心理资本构成维度及其理论基础研究；（2）心理资本的中介作用研究；（3）传统性的调节作用研究。

因此本文关于该主题的探讨主要围绕三个方面展开：（1）开发相关变量测量表。主要是对高等院校教职工心理资本的研究，结合 Luthans 等人（Luthans, 2002；Luthans Youssef et al., 2007；凌文辁, 2006）构建的心理资本的维度，进一步完善和开发高等院校教职工心理资本构成维度和题项。（2）心理资本中介作用机制研究，结合情感事件理论，本研究构建了高等院校教职工组织支持感、心理资本和周边绩效之间的中介关系模型。（3）传统性的调节作用机制研究，本研究试图在组织支持感和周边绩效之间引入传统性这一调节变量，采用相对规范的分析方法，检验传统性这一调节作用是否存在以及传统性的调节作用程度显著。

第三章 研究模型与研究设计

第一节 研究模型和研究对象

在对已有文献进行评述和总结的基础上,作者构建了组织支持感、心理资本、周边绩效之间关系模型(如图3-1)。同时根据已有的研究脉络提出了五个假设命题:(1)组织中员工感觉到的组织支持程度越高,员工周边绩效就越高;(2)组织中员工的心理资本越高,员工周边绩效就越高;(3)组织中员工感觉的到组织支持程度越高,员工的心理资本就越大;(4)员工的心理资本在员工感知到的组织支持程度和员工周边绩效之

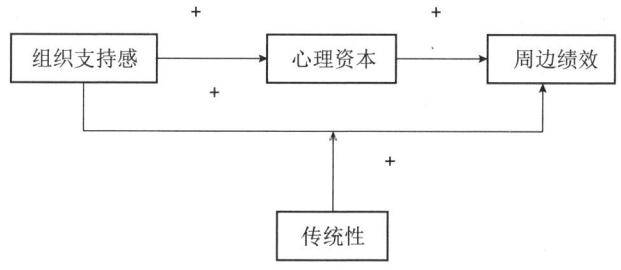

图3-1 本研究的权变模型图

间起中介作用；(5)员工的传统性在员工感知到的组织支持程度和员工周边绩效之间起调节作用。并提出了相应的假设。

第二节 研究工具

一、自变量：组织支持感

在西方组织支持感理论的提出者 Eisenberger 认为国外情景下，对不同行业和不同组织的员工样本进行分析后所得出的单维结构。而凌文辁教授（2006）结合 Eisenberger 等（2002）的研究，以中国员工为样本对组织支持感的研究得出由工作支持、员工价值认同和关注员工利益三维度维结构。凌文辁教授认为西方人把组织的支持理解为自尊需要的满足，而对中国员工研究后发现，中国员工的组织支持感知是对知觉到的工作动机的三个不同方面。本研究中对于自变量组织支持感的测量，沿用凌文辁教授 24 项测量表对组织高等院校教职工的组织支持感进行测量。采用 5 分等级量表进行评价。

结合凌文辁教授的 24 个题项测量表，对本研究中 821 样本进行主要成分分析和验证性分析后最终保留组织支持感的 24 个项目（结果详见表 3-1）。依据三因子模型对其进行验证性因素分析（confirmatory factor analyses，CFAs）的各项拟合优度指标如下：高等院校教职工三因子模型 NC

值=2.965，p<0.001；GFI=0.878；TLI=0.898；RMSEA=0.071；RMR=0.061，这也说明了三因子模型的整体拟合优度较高，同时也揭示了测量的区分效度有保障。

表3-1 员工组织支持感探索性因子分析

题 项	工作支持因子	员工价值认同因子	关注员工利益因子
组织会注意到工作出色的员工	0.689		
组织在工作中有机会就利用员工	0.435		
组织同意合理的改变工作条件要求	0.712		
组织会看重员工工作目标价值观	0.663		
组织在工作中遇到问题给予帮助	0.610		
组织会让员工担当最适合的工作	0.590		
组织会提供晋升的机会	0.613		
组织会使员工工作充满兴趣	0.554		
组织会帮助员工发挥工作潜能	0.603		
组织重视员工工作中的意见	0.506		
组织认为留住员工对单位的作用不小		0.570	
组织会挽留离职员工		0.592	
组织认为解聘员工是不小的损失		0.582	
组织不轻易解聘员工		0.545	
组织对员工只采取换岗而不解聘		0.514	
组织会为员工的成就而骄傲		0.638	
组织在员工解聘后可再招回		0.625	
组织会奖励额外劳动		0.626	
组织会偶尔因私人原因缺勤应给予理解			0.565
组织会给员工提供特殊帮助			0.672
组织会关心员工的生活状态			0.695
组织效益好时会为员工加薪			0.735
组织会考虑员工应得多少薪水的问题			0.728
组织在做决策时要考虑员工的利益			0.746
总方差解释率	27.93	18.02	11.33

二、中介变量：心理资本的测量

（一）心理资本理论的提出

由于心理资本这个构念的提出在 21 世纪初，因此国内外涉及心理资本的文献到目前为止仍旧相对较少。而已有的这些文献主要聚焦在：1. 对心理资本的内涵界定（Fred Luthans，James Bavey et al.，2006）。2. 心理资本构念的维度构成（FredLuthans，Carolyn M Youssef et al.，2004；惠青山，2009）。基于不同的文化背景，维度构成也有所差别，借鉴以往对积极心理学研究的理论成果，美国学者 Fred Luthans 等在 2004 的一篇文献中提出心理资本的维度应该包括四个方面，即（1）自信心（self efficacy）；（2）希望（hope）；（3）乐观（OPtimism）；（4）坚韧力（resiliency）。这四个维度提出来以后，学者对心理资本的研究大都直接借用或者稍加改变。Fred Luthans，Bruce J. Avolio（2007）结合中国情境下的两个个体企业和一家国有企业，提出了适合跨文化背景下心理资本应该包含的三个维度：希望、乐观和坚韧力。而基于中国文化背景下结合不同类型企业（国营、民营和三资）研究表明，惠青山（2009）提出心理资本的维度应该包括：冷静、乐观、希望、自信。3. 心理资本的前因变量、结果变量。大量相关文献提出环境（组织）支持感、工作挑战性和自我强化等前因变量对心理资本的影响，另外是心理资本与工作满意、组织工作绩效、组织承诺以及组织公民行为这些结果变量的关系。

对于心理资本理论以后的研究重点，不同学者提出了不同的看法，但是几乎都集中在以下几个方面：对于心理资本构成维度的研究（Fred Luthans，2006；Carolyn M. Youssef，2007）；跨文化研究（心理资本前期研究几乎都是集中在欧美）以及特定组织研究（将研究对象情景于某一行业来探索心理资本理论在特定群体中的适用性），特别是以往研究的样本大多集中在营利性组织（Luthans 和 Youssef，2004；Fred Luthans，2006；Carolyn M. Youssef，2007；田喜洲，2008；唐强，2008；惠青山，2009）。

鉴于国内对心理资本构念维度这类研究较少，同时惠青山（2009）提出构念构成结果有别于国外研究，其研究也是基于营利性组织，因此，在国内开展对非营利性组织（高等院校）心理资本构念构成维度的研究就显得非常必要。本研究的目的，在于探讨我国高等院校员工心理资本究竟由哪些因素构成？这些研究是对心理资本在特殊群体中适用性的延伸。

（二）预研究

1. 研究设想

心理资本的探讨实际上是从另一个角度考察员工的积极组织行为问题。从以往的积极组织行为理论来看大都是多维的。实际上员工在组织中所表现的积极组织行为也体现在不同方面。因此，我们提出如下假设：我国高等院校教职工心理资本应是一个多维结构。为了检验这一假设，我们就以中国各地区高等院校为研究对象,从访谈和开放式问卷调查开始逐步探索高等院校教职工心理资本的结构维度。

2. 项目收集和初始问卷的编制

对于心理资本问卷编制的文献,国内外研究仍相对较少,其中美国内布拉斯加州大学教授 Fred Luthans(2006)结合企业员工编制的心理资本问卷被大多数学者认可并使用;国内学者惠青山(2009)结合中国国情开发适合中国员工的心理资本问卷,而以上学者开发的问卷主要使用对象是营利性组织,本文拟对高等院校这一非营利性组织中的教职工进行访谈来编制适用于高等院校教职工的心理资本问卷。利用高校系部组织会议进行小组座谈,先从理论和实践上深入理解心理资本含义,然后再设计开放式问卷。将心理资本定义为"组织中个人可发展和被开发的积极的心理状态,具体可表现为:自我效能感(efficacy),有信心呈现和投入必要的努力已完成挑战性的工作;乐观(optimism),把积极的事件归因于内部、持久、普遍深入的原因;希望(hope),为了成功照着预定的目标坚韧不拔地前进;坚韧力(resilience),当面临困难和危机时,持续保持韧劲从中迅速恢复,甚至摆脱困难走向成功。

开放式问卷有一个问题:您认为在学校中个体应该拥有什么样的积极心理要素,具体表现为哪些?让每位教职工尽可能多地写出他们的看法。

本次开放式问卷调查在新疆财经学院、郑州大学、河南财政税务高等专科学校以及黄河科技学院等一些高校进行,学校类别涉及一般本科、民办高校、高职高专院校以及211高校等（见表3-2）。共抽取有效样本51人，其中男性28人，女性23人。

表3-2 开放式问卷调查被试分类表

被试类型	人数	男	女
新疆财经学院	15	7	8
郑州大学	11	4	7
黄河科技学院	13	8	5
河南财政税务高等专科学校	14	9	5
合计	53	28	25

将所收集进行归类、合并，按条目出现频率进行排序，整理出45个条目。根据本文定义同时结合通俗易懂，与工作相关意义明确等标准对条目内容进行筛选，删去只有2人或1人提出的条目，同时结合过去文献中的资料，最后确定22个条目作为预试问卷。

3. 预试

3.1 研究工具和被试

使用初始的心理资本问卷进行预测试，以便为正式研究筛选出可使用的工具。记分采用5点等级法，用以调查员工的心理积极的心理状态。被试群体同样来自上述四个学校。共发放问卷139份，回收133份，其中有效问卷131份（见表3-3）。

表 3-3 预试调查被试情况表

高校性质		郑州大学	新疆财院	河南财专	黄河科技学院	总计
		29	60	25	17	131
性别	男	10	32	9	9	60
	女	19	28	16	8	71
年龄	25 岁以下	0	3	4	3	10
	26~35 岁	17	33	13	6	70
	36~45 岁	6	14	6	3	29
	46 岁以上	6	10	2	4	22
工作时间	小于 5 年	11	40	19	11	80
	5~8 年	8	14	4	5	31
	大于 8 年	10	6	2	1	20
婚姻状况	已婚	24	50	21	13	108
	未婚	5	10	4	4	23
最高学历	专科	1	0	0	0	1
	本科	8	8	12	8	36
	硕士	15	8	12	8	43
	博士	5	1	1	1	8
管理职位	教学岗位	23	42	17	14	96
	教辅岗位	6	18	8	3	35

3.2 项目区分度分析

对于问卷中项目分析主要包括区分度分析和难度分析。难度分析相对比较简单，因此项目分析主要是区分度的计算（吴明隆，2003）。结合项目分析的计算结果，将预调查问卷中题项得分前 27% 视为高分组，后 27% 视为低分组，然后求两组在每个条目上得分平均数差异的显著性系数（T）。如果 T 值显著，那么说明该条目具有鉴别力。

表 3-4　正式调查被试情况表

高校性质		985 和 211	一般本科	高职高专	民办高校	总计
		111	230	93	63	497
性别	男	37	118	34	36	225
	女	74	112	59	27	272
年龄	25 岁下	0	12	15	11	38
	26~35 岁	62	123	49	23	257
	36~45 岁	22	58	23	12	115
	46 岁以上	27	37	6	17	87
工作时间	小于 5 年	44	40	70	41	195
	5~8 年	30	122	15	18	175
	大于 8 年	37	68	8	4	117
婚姻状况	已婚	83	194	78	48	108
	未婚	18	46	15	15	23
最高学历	专科	1	0	0	0	1
	本科	22	104	40	27	203
	硕士	58	102	46	31	237
	博士	20	24	7	5	56
管理职位	教学岗位	89	174	17	52	400
	教辅岗位	22	56	8	11	97

3.3　预试问卷的结构考察

使用 SPSS for Windows 15.0 统计软件包对数据进行主成分分析，使用正交方差极大法共抽出 5 个可解释的有效因子，能解释的总变异量为 63.39%。同时，各因子内所包含的项目意义也都相对比较接近。主成分分析的主要作用是降维，通过研究指标体系内在结构关系，把多指标转化成少数几个互相独立同时包含原指标大部分信息（80% 以上）的多元统计方法（H. Hotelling，1933[①]；潘安娥，2005[②]），其优点在于它确定的权数是基于数据分析而得到的指标之间的客观的内在关系，而且得到主成分彼此之间相互独立。

在规范进行因素分析这一步骤之前，Kaiser 认为相关指标的数值能否通过是决定问卷中收集的客观数据进行探索性因子分析的前提，KMO 值是其主要检验指标，KMO 检验是依据变量间的简单相关与偏相关的比较。其计算公式为所有原变量简单相关系数的平方和除以简单相关系数平方和加偏相关系数平方和反像相关检验的本质一样，如原变量间相互作用较大，变量间的偏相关系数就会相对较小，简单相关系数则相对较大。从上面的公式看出，KMO 值就大，适合于因子分析，反之则 KMO 值较小而不适合做因子分析。Kaiser 提供的判断标准是：$0.9<KMO$ 为非常适合；$0.8<KMO<0.9$ 为适合；$0.7<KMO<0.8$ 为一般；$0.6<KMO<0.7$ 表示适合度较低；$KMO<0.6$ 则表示适合度非常低（余建英等，2003）。而在本次预调查中，KMO 值在本次预测试问卷中达到了 0.847，结合 Kaiser 提供的判断标

[①] H. Hotelling. Analysis of a complex of statistical variables with principal components. Journal of Educational Psychology, 1933, 24:417-441.

[②] 潘安娥，杨青. 基于主成分分析的武汉市经济社会发展综合评价研究 [J]. 中国软科学，2005（7）：118-121.

准明显达到显著水平。

本研究中选取因子时使用主成分分析方法，在因子旋转时选取正交方差极大方法。结合各题项的共同度和因子载荷大小对其进行全面考虑，然后辅之以碎石图和特征值（其值大于1）选取因子个数，决定以22个条目作为下一步正式调查问卷。但是问卷修订、严谨的过程，要循环反复修订。研究者通过请2位教授、2位副教授、3个博士生一起反复通过两轮修订，同时结合一位博士生同学母亲的建议，最后得到22个条目，作为正式研究调查问卷。

（三）高等院校中心理资本结构探讨

1. 方法

使用经预测试筛选的由22个条目组成的正式的心理资本问卷，采用5点等级法记分（1代表非常不同意，5代表非常同意），同时由于调查对象是高等院校教职工（文化水平和文化程度相对较高，对于反向表述的条目理解应该较好），为了使问卷有效性提高，问卷中有三个题项使用反向计分，实行集体施测方式。正式调查从国内四十余个高校，涉及湖北、河南、河北、内蒙古、黑龙江、吉林、辽宁、新疆维吾尔自治区、广西壮族自治区、重庆、四川、江苏、安徽、福建、北京、天津、湖南、山东、广东18个省、直辖市和自治区，高校涉及985与211高校、一般本科、高职高专与民办和独立院校等。具体共抽取样本892人，经过筛选，得到有效问卷821份，其中 496 份样本被用来做结构探讨，剩余 315 份做结构维度验证。统计分析方法使用 SPSS for Windows 15.0 统计软件包对正式调查的数据进行统计处理。

2. 结果

2.1 高等院校教职工心理资本的结构维度

本研究采用主成分分析法，正交旋转，共提取出 5 个因子，方差累计贡献率达到 60.38%，因子负荷也都在 0.50 以上。所提取的 5 个因子，这个结果和预试研究结果接近。

其中因子 1 属于员工工作自信心方面，可命名为自信心因子（SI）；因子 2 属于员工对自己在未来工作中的认可，可命名为员工希望因子（HI）；因子 3 属于员工在组织中遇到情绪事件后凭意志控制的能力（Volitional emotion），可命名为自我克制因子（VI）；因子 4 属于员工在工作中处理问题需要自强和坚韧的能力，可命名为自强和坚韧因子（RI）；因子 5 属于员工在工作中能够用积极的方式解释和看待正在发生的各种事情和面临的困难，可以命名为乐观因子（OI）。同时在文中的研究结果证实心理资本问卷具有较好的结构效度。详细结果如表 3-5 和表 3-6 所示。

自信心因子，主要包括：相信自己在工作中能够与同事及领导很好地沟通、在领导面前汇报涉及自己的问题时表现很自信、相信自己能很好地参与到讨论自己学校今后发展方向和战略、相信自己处理工作中的难题和生活处于困境时自己无须帮助就可以找到较好的解决办法。

希望因子，指总是信心饱满地对待自己在高校所从事的工作，在自己的工作中积极主动，对工作有热情，同时在工作中目标明确。其内容主要包括：目前我正在向自己设定的工作目标（比如职称和学术研究）靠近、我能想到很多办法来实现目前的工作目标、工作中任何问题都会有很多解决方法、对自己工作目标设定得很成功，同时不断向自己设定的工作目标靠拢。

自我克制因子，指工作中当愉快或者不愉快的事情发生，特指后者，能否凭意志控制自己的情绪。主要包括在工作中面临消极评价时控制自我感情和状态、生活中情绪和工作中的情绪是否相互克制这些内容。

自强和坚韧因子，指在工作中处理问题需要自强和坚韧能力。内容包括：工作中的压力和困难能泰然处之；前期经历的磨难对现在是个经验而非教训；面对工作中困难，必须沉着冷静。

乐观因子，指员工在工作中能够用积极的方式解释和看待正在发生的各种事情和面临的困难。主要包括：在教学工作中，我一直相信情绪低落是暂时的，要积极应对，"风雨彩虹"。

表3-5　心理资本内容结构各构成项目的共同度（N=496）

项目	I1	I2	I3	I4	I5	I6	I7	I8	I9	I10	I11
共同度	0.525	0.549	0.559	0.685	0.528	0.556	0.571	0.560	0.677	0.756	0.588
项目	I12	I13	I14	I15	I16	I17	I18	I19	I20	I21	I22
共同度	0.720	0.648	0.560	0.623	0.526	0.528	0.539	0.594	0.508	0.959	0.958

表 3-6 心理资本各项目因子负荷 (n = 350)

项 目	因 子				
	F1	F1	F1	F1	F1
c1. 我相信自己可以分析长远战略性问题，并能找到解决方案	0.63				
c2. 和自己单位中的管理层一起开会时，在陈述自己工作范围之内的事情方面我很自信	0.68				
c3. 我相信自己对组织战略发展法相的讨论有所贡献	0.71				
c4. 在我的工作范围内，我相信自己能够帮助设定自己的目标和方向	0.80				
c5. 我相信自己能够向自己的同事陈述信息	0.67				
c6. 如果我发现自己在工作中陷入了困境，我能想出很多办法摆脱出来	0.51				
c7. 在自己的工作中，我可以精力饱满地完成自己的工作		0.609			
c8. 工作中任何问题都会有很多解决方法		0.518			
c9. 我认为自己在工作目标的设定上相当成功		0.763			
c10. 我能想到很多办法来实现目前的工作目标		0.739			
c11. 目前我正在向自己设定的工作目标（比如职称和学术研究）靠近		0.584			
c12. 在工作中不论是学生或者领导的消极评价，我比较难能控制我的感情和状态			0.609		

续表

项　目	因　子				
	F1	F1	F1	F1	F1
c13. 在工作中，我无论如何都会去解决遇到的难题				0.515	
c14. 如果不得不去做某项工作，我相信自己可以并且能独立迎战				0.524	
c15. 我通常对工作中的压力和困难能泰然处之				0.653	
c16. 由于在之前的经历中遇到很多磨难，所以我现在能挺过工作上的困难时期				0.700	
c17. 在我目前工作中，但很多事情同时发生时我感觉自己能同时处理				0.649	
c18. 在工作中，当遇到不确定的事情结果发生时，心情能很快恢复				0.546	
c19. 生活中遇到棘手的事情，我很容易会将这种情绪带到课堂和工作中			0.730		
c20. 对于自己现在的工作，我总能看到事情积极的一面				0.665	
c21. 在目前的教学和科研工作中，事情总没有我想象得那样顺利发展					0.965
c22. 在教学工作中，我一直相信情绪低落是暂时的，要积极应对，"风雨彩虹"					0.962
方差解释量	16.%	15.5%	13.35%	9.26%	5.53%
总解释量	60%				

2.2　心理资本的结构维度验证

通过探索性因子分析获得了高校教职工心理资本的 5 因素

模型，但是模型构想效度如何，仍需要通过验证性因子分析进行检验。为保证验证性因子分析的客观性，本研究进行验证性因素分析的数据来自于 324 份对高等院校教职工进行调查的结果（在对高等院校教职工问卷调查其中有效问卷为 821 份，剔除作为探索性因素分析使用的 497 份问卷）。

2.2.1 研究工具

在本研究中，使用利克特 5 点等级尺度量表对预试筛选出的 22 个题项进行测量，即：非常不同意，不太同意，一般，有些同意，非常同意。问卷中要求被试者在符合自己情况的选择枝上标出记号。

2.2.2 统计分析方法的选用上

在对心理资本结构维度验证上采用结构方程模型方法，现在已经有多种软件可以处理 SEM，本文使用 AMOS7.0 统计软件。结构方程模型是一种建立、估计和检验因果关系模型的统计方法。它是实证分析模型，主要通过寻找变量间内在的结构联系，来验证某种结构联系或模型假设是否合理，并且假设模型存在问题，该方法还可以指出如何修改。模型中既包含有可观测的显变量，也可能包含无法直接观测的潜变量，通过反映潜变量和显变量的一组方程，其分析过程是通过对显变量的测量推断潜变量，然后对假设模型的正确性与否进行检验。结构方程模型可以替代多元回归、路径分析、因子分析、协方差分析等，可以清晰分析单项指标对总体的作用和单项指标间的相互关系。结构方程模型大量使用在社会科学研究中（在社会科学研究中，特别是对经济、市场营销、管理学科等领域，有时需处理多个前因变量、多个结果变量的关系，或者遇到不可直接观测变量（即潜变量），这些问题使用传统的统计方法不容易得到解决）。结构方程模型（Structural Equation Modeling，SEM）是用来检定关于显变量和潜变量之间假设关系的一种多重变量统计分析方法，即以所收集的数据来检定基于理论所建立的假设模型。所以结构方程模型是一种理论检定的统计方法（侯杰泰等，2004）[①]。简单来说，结构方程具有以下一些特征：

（1）理论先验性。结构方程模型是验证某一理论模型和假设模型是否适合的统计方法（吴明隆，2007）。

（2）相对于传统的统计分析方法，诸如人的态度、认知、心理构念这些潜变量，传统的统计分析方法不能准确直接处理，而结构方程模型分析方法可以同时分析潜变量及其显变量之间的复杂关系（张伟雄，王畅，2008）[②]。

（3）结构方程可以剔除随机变量误差。一般而言，从调查问卷题项得来的观察变量都是由真实值和测量误差所组成的，这时结构方程可以准确估计出测量误差的大小和其他参数值，从而大大提高整体测量的准确度。

（4）结构方程可以同时计算多个因变量之间的关系，特别是应用于中介效应的研究，比如在研究中A是通过变量C作为中介而影响变量B时，结构方程会给予这些问题最综合

[①] 侯杰泰、温忠麟、成子娟. 结构方程模型及其应用. 教育科学出版社. 2004.
[②] 张伟雄在《组织与管理研究的实证方法》认为结构方程有三种主要特征。

最恰当的分析。一般来说结构方程模型在具体的分析过程中，涉及样本越大，模型本身就越趋于稳定。如何确定合理的样本量（James Stevens 2002[①]；Bentlerand Chou，1987），前者认为按照社会科学的应用多变量统计的说法，一个好的经验法则是在标准普通最小二乘多重回归分析中每个因子有15个个案。因为 SEM 在某些方面与多重回归紧密相关，SEM 中每个测量变量15个个案是合理的。后者认为只要数据表现良好（例如，正态分布，无缺失数据或例外值等等），在 SEM 分析中研究者对每个参数估计，只需要5个个案。Bentler 和 Chou 提及每个参数估计要有5个个案而不是每个测量变量。测量变量在分析中至少有一个典型的路径系数与其他变量相关联，加上残差项或方差估计，所以认可 Bentler 和 Chou 和 Stevens 推荐的每个测量变量最小要15个个案相吻合是重要的。更一般的，这两种说法基本上是等价的；而 Loehlin（1992）在进行蒙特卡罗模拟之后发现对于包含2~4个因子的模型，至少需要100个 case，当然200更好；小样本量容易导致模型计算时收敛的失败进而影响到参数估计的准确性；特别要注意的是当数据质量不好比如不服从正态分布或者受到污染时，更需要大的样本量。

[①] James P. Stevens. Applied Multivariate Statistics for the Social Sciences. LEA, Inc.2002.

表 3-7 验证性因素分析被试情况表(样本数 497)

高校性质		985 和 211	一般本科	高职高专	民办高校	总计
		111	230	93	63	497
性别	男	37	118	34	36	225
	女	74	112	59	27	272
年龄	25 岁以下	0	12	15	11	38
	26~35 岁	62	123	49	23	257
	36~45 岁	22	58	23	12	115
	46 岁以上	27	37	6	17	87
工作时间	小于 5 年	44	40	70	41	195
	5~8 年	30	122	15	18	175
	大于 8 年	37	68	8	4	117
婚姻状况	已婚	83	194	78	48	108
	未婚	18	46	15	15	23
最高学历	专科	1	0	0	0	1
	本科	22	104	40	27	203
	硕士	58	102	46	31	237
	博士	20	24	7	5	56
管理职位	教学岗位	89	174	17	52	400
	教辅岗位	22	56	8	11	97

3. 模型拟合评价指标选择

模型是否与数据拟合,需要比较再生协方差矩阵 E 和样本协方差 S 的差异。以前的文献中先后出现了四十种左右的拟合指数,用于评价和模型选择,将众多的拟合指数按功能进行分类,有助于对拟合指数的理解和合理使用。不过大部分拟合指数都是以卡方值为基础的,知识加上各种各样的修正。温忠麟和侯杰泰(2004)认为理想的拟合指数应该具备有以下三个特征:与样本量大小无关或者说比较小;拟合指数根据模型参数多少来做调整,惩罚参数多的模型;对误差模型敏感。有关模型适配度指标的判断标准,按照国外学者Bogozzi与Yi(1988)提出结构方程模型适配度指标使用的建议标准,应该考虑下列三个方面:模型的基本适配度指标、整体模型的适配度指标(模型外在品质的考验)、模型的内在结构适配度指标(各测量模型的信校度,也可以说是模型内在品质的考验)。一般来说,评价模型的适配度要从各种角度,参照多种指标进行评鉴。

(1)模型的基本适配度指标。一般在进行整体适配度检验之前,应该首先利用基本适配度对模型进行检验。

(2)整体适配度指标。按照学者Marsh,Hau & Grayson(2005)将整体适配度指标细分为三种:绝对适配度指标、相对适配度指标、简约适配度指标。

①学者一般认为模型的绝对适配度指标应该主要包括以下三大类标准指数:GFI与AGFI、RMR与RMSEA、卡方值

Rigdon(1995)认为模型中卡方值如果越小,则表示模型适配度就越好,但是该指标受样本容量影响(从卡方统计量定义来看,一般来说样本容量越大卡方统计量值则越大)。

RMR与RMSEA是用来检验模型残差值。RMR(root mean square residual)代表残差均方和的平方根,对于RMR值来说,一般认为RMR最优标准应该是小于0.05。RMSEA(root mean square error of approximation）表示近似残差均方和的平方根，RMSEA=$\{\max[(x^2-df)/(N-1),0]/df\}^{1/2}$。一般来说 RMSEA 值越小模型适配度越好，Browne & Cudeck（1993）认为，对于 RMSEA 值，如果在 0.05-0.08 之间，模型可以接受，小于 0.05 表明模型拟合度较好。

GFI（goodness-of-fit index）与 AGFI（adjusted goodness-of-fit index），这两个指标早期使用较多，后来发现问题不少（即使拟合模型距离真实模型比较远，这两个值也都有可能很高）。一般来说如果 GFI 与 AGFI 这两个指标数值越大同时也越接近于 1，则表明整体模型适配度效果越好。

②学者一般认为模型的相对适配度指标应该主要包括以下五种标准指数：非标准拟合指数 TLI 或者 NNFI（non-normal fit index）、比较拟合指数 CFI（comparative fit index）、标准拟合指数 NFI（normal fit index）、相对拟合指数 RFI（relative fit index）、增值拟合指数 RFI（relative fit index）

NFI 为标准拟合指数（normal fit index；Bentler & Bonett, 1980），是相对于虚拟模型的卡方值而言，假设模型的卡方值减少了的部分占了多大的比例。公式表达为 NFI=$(x_N^2-x_T^2)/x_N^2$，其中 x_N^2 和 x_T^2 分别代表拟合模型与理论模型得到的卡方值。其值在 0 和 1 之间，其中数值越大表明模型适配度越好，一般来讲 NFI>0.9 时，则表明模型相对较好。

CFI 为比较拟合指数（comparative fit index；Bentler & Bonett，1980），CFI=$1-\dfrac{\max[(x_T^2-df_T),0]}{\max[(x_T^2-df_T),(x_N^2-df_N),0]}$，其中

数值 x_N^2 和 x_T^2 分别代表拟合模型与理论模型得到的卡方值。一般认为其数值越大同时也越接近1，则表示模型拟合效果相对越高。侯杰泰（2002）认为 CFI 的主要缺点和弊端是没有惩罚复杂模型。

RFI 为相对拟合指数（relative fit index），RFI 值处于0和1之间，数值越大则表明模型适配度越高，一般认为 RFI 值超过0.9时，则表明模型可被接受。

TLI 为非标准拟合指数（non-normal fit index，NNFI），NNFI=$\dfrac{x_N^2/df_N - x_T^2/df_T}{x_N^2/df_N - 1}$，其取值范围不是在0，1之间，而且有可能超出1。它被认为是修正后的 NFI，一般认为值越大则表明模型适配度越好，TLI 值超过0.9时，表明模型可以被接受。

IFI 是增值拟合指数（incremental fit index），IFI 值处于0和1之间，其数值越大则表明模型适配度就越好，当 IFI 值超过0.9时，则表明模型可被接受。

③学者一般认为模型的简约适配度统计量主要包括：Akaike 信息标准 AIC（Akaike information criteria）和调整后的 AIC（CAIC）；标准卡方 NC（Normed chi-square），也即卡方值和自由度的比值。

AIC 与 CAIC AIC 是 Akaike 信息效标（Akaike information criteria），CAIC 则是 AIC 的调整后的值，这两个指标都被用来评判竞争模型之间孰优孰劣，一般认为值越小，则表明拟合模型越精简。

NC 值。NC 值是卡方值和其自由度的比值，也被称为规范后的卡方（Normed chi-square），卡方与自由度比值越小，则表示模型适配度越好。$\chi 2/df$ 大于 10 表示模型很不理想，小于 5 表示模型可以接受，比值在 1 和 3 之间，表明模型具有较好的拟合度，比值大于 5，表明模型拟合度不好，需要调整（Bollen，1989[1]；Sjrbom，1993[2]；Medsker，1994[3]；李超平，2003[4]；Rhodes, Jean，2005[5]）。

PNFI 表示简化调整后的标准拟合指数（parsimony-adjusted NFI），PNFI 经常被用在多个模型适配度比较，一般认为其数值越大越好。假设用在单个模型中，其数值超 0.5 就被认为可接受。

PGFI 为简化后的适配度指数（parsimony goodness-of-fit index），其作用与 PNFI 相似，如果用在单个模型中，其数值超过 0.5 就被认为可接受。

（四）模型验证结果

根据探索性因子分析，本研究提出高等院校教职工心理资

---

[1] Bollen K A. Structural Equations with Latent Variables. NewYork: Wiley, 1989.

[2] S j reskog K G, S j rbom D. Lisrel 8: User's Reference Guide.Chicago: Scientific Software International, 1993.

[3] Medsker G J, Williams L J, Holahan P J. A Review of Current Practices for Evaluating Causal Models of Organizational Behavior and Human Resources Management Research. Journal of Management, 1994 20: 429-464.

[4] 李超平. 分配公平与程序公平对工作倦怠的影响. 心理学报，2003 35：677-684.

[5] Rhodes, Jean, Reddy, Ranjini, Roffman, Jennifer, Grossman, Jean B. Promoting Successful Youth Mentoring Relationships: A Preliminary Screening Questionnaire. The Journal of Primary Prevention, 2005 26: 147-167.

本维度构成构想模型，如图3.2所示。

使用验证性因子分析方法对提出的构想模型进行测评。根据上述结构方程理论，所做研究需要对构建模型进行拟合优度检验。具体检验数据如下：

1. 初步拟合优度检验。分析数据显示：高等院校教职工心理资本维度构成结构五因子模型中，估计参数均达到显著性水平；各构成维度彼此之间相关的绝对值最大为0.86；因子载荷量最大为0.98，最小值为0.47，基本处于0.5和0.95之间；没有大的标准误。因此，符合初步拟合优度检验。

2. 模型整体拟合度检验。验证性因子分析主要为检验一个模型拟合优度，暂不涉及多个模型的比较，我们选择的模型整体拟合优度的三类统计量分别是：表3-8为绝对拟合优度统计量、表3-9增值拟合优度统计量、表3-10简化拟合优度统计量。

表3-8　为绝对拟合优度统计量

RMR	RMSEA	GFI	AGFI
0.062	0.052	0.894	0.865

表3-9　增值拟合优度统计量

NFI	CFI	RFI	NNFI	IFI
0.899	0.939	0.874	0.929	0.939

表3-10　简化拟合优度统计量

NC	PNFI	PGFI
2.126	0.768	0.703

由表3-8、表3-9和表3-10可以看到，高等院校教职工心理资本维度构成结构五因子模型的拟合优度指数基本上都能达到要求，说明五因子模型与观测数据比较契合，探索模型得到了较好验证。

（五）竞争模型的比较

1. 结构维度验证

结构方程还有一个功能是体现在通过对比多个模型，然后选择最佳契合模型。本研究的竞争模型：一因子模型、二因子模型、三因子模型、四因子模型。

1.1 一因子模型。在探索性因素分析研究时，发现心理资本各维度之间存在中度相关，因此也有可能存在一因子模型。

1.2 二因子模型。使用探索性因素分析数据，在因子分析中强迫抽取两个因子，结果，c_{12}，c_{19}，c_{21}，c_{22} 形成一个因子1，其余18个形成因子2。总方差解释量为46.36。

1.3 三因子模型。同样使用探索性因素分析数据，在因子分析中强迫抽取三个因子，结果，c_{12}，c_{21}，c_{22} 形成因子1，c_1，c_2 c_3，c_4，c_5，c_6，c_7 形成因子2，c_8，c_9，c_{11}，c_{20}，c_{13}，c_{14}，c_1，5，c_{16}，c_{17}，c_{18}，c_{19}，c_{20} 形成因子3。总方差解释量为53.18。

1.4 四因子模型。同样使用探索性因素分析数据，在因子分析中强迫抽取四个因子，结果，c_1，c_2，c_3，c_4，c_5 形成因子1，c_{12}，c_{21}，c_{22} 形成因子2，c_7，c_{18}，c_9，c_{10}，c_{11} 形

成因子3，c6、c8、c13、c14、c15、c16、c17、c1, 9、c20形成因子4。总方差解释量为53.88。

高等院校教职工心理资本各维度构成五因子模型与一因子模型、二因子模型、三因子模型、四因子模型的拟合指数比较，见表3-11。

从表3-12中数据显示，从竞争模型拟合三类13个指标横向比较可以看出，高等院校教职工心理资本维度构成五因子模型是比较理想的，其余四种竞争模型在较多指标上未通过检验或者是没有五因子模型拟合更好。由此可见，从拟合优度指数来看，探索性因子分析得到的五因素心理资本模型是竞争模型中较为理想的模型。

2. 信度检验

所谓信度就是对同一事物进行反复测量时，所得结果的一致性程度。这反映了测量工具的稳定性或者可靠性，它一般是用信度系数来评价。信度可分为两种，第一种是外在信度，只在不同的时间进行测量时调查结果的一致性程度，最常用的是外在信度指标是重测信度，即用同一问卷在不同时间对同一对象进行重复测量，然后计算一致性程度。第二种为常见的内在信度，是指调查问卷中的一种问题是否测量同一个构念，也就是这些问题的内在一致性如何，如果内在信度系数在0.8以上，就认为调查问卷有较高的内在一致性。外在信度检验其中被试样本来自于某高校的42名教职工，再测时间间隔为2个月，剔除污染后的问卷共有效问卷40份，对问卷的再测信度检验就使用这 40 个有效样本的数据。内在信度检验采用克郎巴哈（Cronbach α）一致性系数，被试共 450 人。从表 3-11 可以揭示出心理资本问卷总体的外在信度和一致性程度分别为 0.843 和 0.855，同时各维度之间的外在信度和一致性程度都在 0.8 以上。以上结果足以表明本问卷具有相当高的稳定性，所以问卷测量结果是可靠的。

表 3-11 心理资本问卷信度指标

问卷	外在信度（样本为 40）	一致性程度（样本为 450）
总问卷	0.843	0.855
SI	0.852	0.865
HI	0.835	0.811
VI	0.826	0.841
RI	0.807	0.806
OI	0.856	0.909

（六）结果与讨论

通过对高等院校教职工心理资本探索性因子分析和验证性因子分析，结果发现教职工心理资本内容应该涵盖 5 个维度，即希望、乐观、自我克制、自强和坚韧以及自信心。Fred Luthans, Carolyn M Youssef 等（2004）提出，心理资本的 4 维度包括自信心、希望、乐观、坚韧力，结合惠青山（2009）提出中国文化背景下员工心理资本应有 4 个维度组成，即冷静、希望、乐观、自信。本研究与 Luthans 以及惠青山的研究存在以下几个方面的差别。

1. 内容结构

和 Luthans 的研究对比起来，本研究中有自我克制因子，其余几个因子大致相同。这主要是高等院校教职工属于特殊的群体，在中国文化背景下高等院校所属性质可以归为非营利性组织，同时教职工服务的客体是学生，这方面接近于服务行业。Luthans 在早期对心理资本的研究中就提出，开发组织中员工的心理资本量表时所选样本是基于营利性组织——企业，对非营利性组织中员工的量表开发是今后需要研究的内容。高等院校中教职工是以教学育人和科研为主，其中教学育人又占了相当大的比例，而学校对教职工的绩效评估来自于学生和领导，学生和领导的评估会不可避免地带有不客观的评价。由于教职工的特殊性要求，一要为人师表，二要树立榜样，所以学生和领导的不客观评价所带来的负面情绪必须凭意志进行克制。因此对教职工来说，积极的组织行为就需要自我克制这个因子，也即当工作中愉快或者不愉快的事情发生，特指后者，能否凭意志控制自己的情绪。主要包括在工作中面临消极评价时控制自我感情和状态、生活中的情绪和工作中的情绪能否相互克制。这个因子与惠青山提出的冷静因子也有所不同，其侧重于工作中要以平常心对待，而非主观上要凭意志克制情绪。自我克制因子接近于 Danial Goleman（1995）的情绪智力中的管理自己情绪。

2. 理论

在对高等院校这个特殊样本的研究过程当中，大量借鉴了对服务业员工研究的成熟理论和文献,特别是情感事件理论的使用。

3. 测量题项

在测量上,虽然有三个因子与 Luthans 等的研究是相同的,但是每个因子的测量题目却有所差别。因此可见,即使相同的条目,测量的题项也可能存在差别。究其原因我们认为第一,由于在使用和开发量表时,研究中使用的直接翻译取向为主,以修改和开放式问卷为辅,东西方文化的显著差异,很难非常恰当的翻译,往往导致翻译后的测验项目不是最佳的中文表达方式。第二,翻译过程中有时只能实现语义上的对等性,而无法解决目标构念在不同文化背景下概念的不对等性。由于国外研究中发表的测量大多并不是以跨文化研究为目的的,所以这些问卷可能只含有某些适合西方文化的特质。第三,由于采用了修改取向,所以修改后的问卷与初始问卷并不一定在测量内容上保持一致。第四,在开放式问卷中有部分问卷内容不符合中国文化情境,进行了较大程度的修改。

上述的分析重新验证了国内一些著名学者的研究结论,也即:在中国文化背景下,组织行为学领域的很多问题与欧美文化背景下同一条目的涵义有所差别(凌文辁、方俐洛、张治灿、郑晓明等,2003)。因此,我们不能直接将国外的心理资本问卷用于测量中国高等院校教职工。

本研究是通过文献追踪、小范围访谈、开放式问卷、预测试、探索性以及验证性因子分析研究,得出高等院校教职工心理资本由 5 个维度组成:希望、乐观、自我克制、自强和坚韧

表 3-12 心理资本各维度构成竞争模型拟合指数比较表

		绝对拟合优度统计量				增值拟合优度统计量					简化拟合优度统计量		
	NCP	RMR	RMSEA	GFI	AGFI	NFI	CFI	RFI	NNFI	IFI	NC	PNFI	PGFI
一因子模型	1579.9	0.133	0.153	0.569	0.674	0.541	0.569	0.493	0.524	0.572	8.559	0.489	0.515
二因子模型	456.6	0.070	0.082	0.823	0.785	0.829	0.875	0.811	0.862	0.876	3.195	0.747	0.677
三因子模型	290	0.070	0.066	0.875	0.846	0.872	0.921	0.857	0.911	0.921	2.412	0.778	0.712
四因子模型	441.85	0.110	0.082	0.852	0.817	0.834	0.869	0.812	0.864	0.880	3.166	0.737	0.687
五因子模型	224	0.062	0.052	0.894	0.865	0.899	0.939	0.874	0.929	0.939	2.126	0.768	0.703
评判标准	越小越优	小于0.05	小于0.05	超过0.9	超过0.9	超过0.9	超过0.9	超过0.9	超过0.9	超过0.9	1和5之间	超过0.5	超过0.5

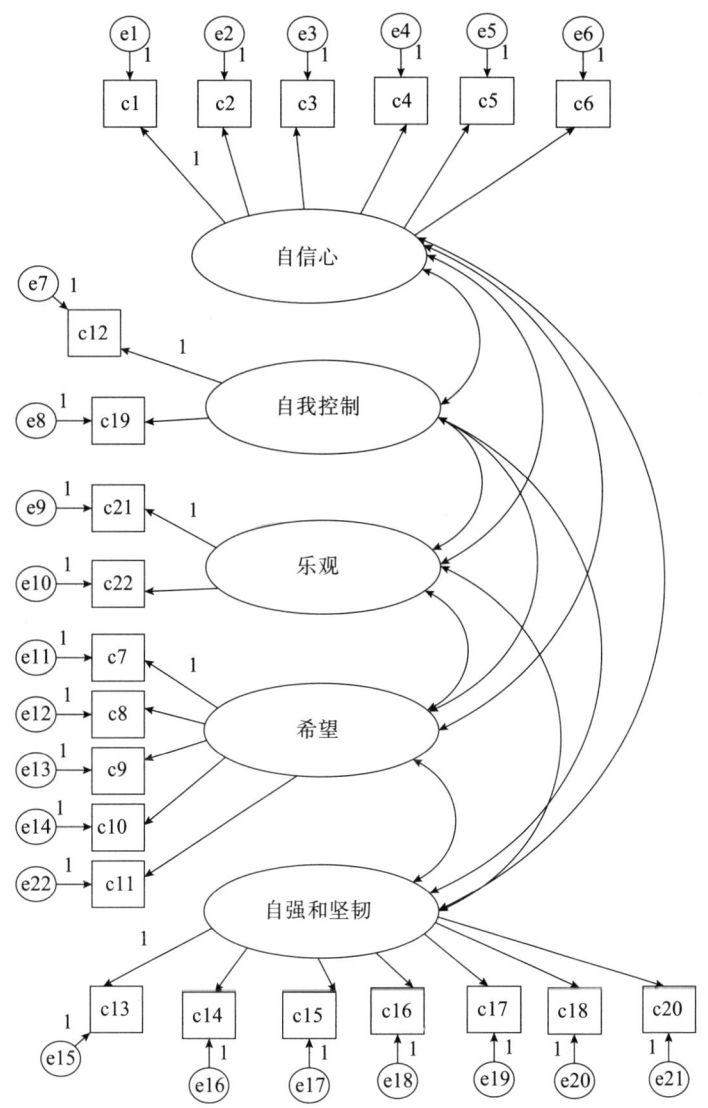

图 3-2 高等院校教职工心理资本维度构成构想模型

以及自信心。

三、因变量：周边绩效的测量

结合以往对周边绩效行为的研究（Brief & Motowidlo, 1986；Borman & Motowidlo, 1993），Van Scotter 和 Motowidlo （1996）[1]经过重新提炼把周边绩效行为细分成两个方面：人际促进方面和工作奉献方面。人际促进是指在组织内部某些基于人际关系的行为能有利于组织目标的完成，其作用机制是通过增进员工之间的人际关系，可以将组织内部员工的士气提高，来进一步加强员工之间的合作，从而消除提高组织绩效的阻碍因素。工作奉献是强调组织中员工的自律性和自发性行为，比如组织中的员工自觉遵守组织内部的规定、富于创新精神等。工作奉献是提高组织中员工的工作绩效的前提，同时工作奉献还包括大量的人为意志因素，工作奉献的显著表征是员工的目标导向性与主动性。员工周边绩效行为的具体表现包括组织中员工对所从事的工作尽职尽责、主动协助同事、员工间彼此合作、提出建设性的角色外行为的履行、严格遵守组织内部的规章制度等。在组织中员工的周边绩效行为是比较重要的，因为这些行为在各方面有助于组织的有效性来塑造组织的、社会的和心理环境，而这些环境作为任务行为和程序的催化剂而存在。

---

[1] Van Scotter J R and Motowidlo S J. 1996. Interpersonal Facilitation and Job Dedication as Separate Facets of Contextual Performance[J].Journal of Applied Psychology, (81). 525-531.

周边绩效行为包括自愿地完成那些正式工作说明书上没有涉及的工作行为,帮助其他人、和组织中的其他人合作来完成工作。

陈亮教授(2007)[①]结合 Motowidlo 和 Scotter 等(1993)的研究,以河北省高校为样本对周边绩效的研究得出由工作责任维度、团队协作维度、遵守制度维度、组织认同维度、额外付出五维度结构,同时提出了适合中国高校教职工的 26 个题项量表。陈亮教授认为五维度的划分与西方同类研究有较多契合之处,只是其具体命名及重要程度稍有差别。本研究中量表的测量采用 5 分等级量表进行评价,1 代表非常同意,5 代表非常不同意。

结合陈亮教授的 26 个题项量表,对本研究中 821 样本进行主成分分析的探索性分析和验证性分析后最终保留组织支持感的 26 个项目(结果详见表 3-13)。在探索性分析中将 26 个题项重新提取因子,得到两因子模型对因子进行命名,得到工作奉献因子和人际与组织认同因子,依据两因子模型和强制提取五因子模型对其进行验证性因素分析(confirmatory factor analyses,CFAs)的各项拟合优度指标如下:高等院校教职工周边绩效两因子模型 NC 值 =3.105,$p<0.001$;GFI=0.793;TLI=0.877;RMSEA=0.064;RMR=0.040;五因子模型 NC 值 =3.965,$p<0.001$;GFI=0.878;TLI=0.689;RMSEA=0.072;RMR=0.051,这也说明了两因子模型的整体拟合优度比较高,同时也揭示了测量的区分效度有保障。

---

① 陈亮,杜欣.高校教师周边绩效维度的探索性分析.河北大学学报(社会科学版),2007 32:66-70.

表 3-13 员工周边绩效探索性因子分析

题项	因子	
	人际与组织认同因子	工作奉献因子
我会提合理化建议	0.633	
我关心学生的学习生活	0.674	
工作中不营私舞弊	0.714	
我会调动学生学习热情	0.768	
我的学术态度严谨	0.738	
我会帮助新来的同事	0.745	
我会主动给予同事帮助	0.723	
我会节约单位的资源	0.664	
我会向外界宣传学校	0.586	
我会维护单位的公众形象	0.579	
我会以学校利益为重	0.579	
我会与同事分享工作经验	0.611	
我会帮助同事解决问题	0.597	
我会维护人际和谐	0.581	
我会维护学校的秩序	0.506	
我会遵守规章制度		0.692
我会服从工作指示		0.713
我会参加工作会议		0.685
我从不迟到、早退		0.694
我会积极维护学校内部团结		0.750
我会积极参加自己学校组织的义务活动		0.778
我会积极参与教师内部之间的交流		0.737
我会美化自己所处高校的工作环境		0.725
我会提前上班		0.735
我会为工作占用业余时间		0.725
我会承担额外任务		0.651
总方差解释度	33.2	30.8

四、调节变量传统性

对高等院校教职工传统性的测量沿用了 Farh 等（1997）所开发的测量量表，具体包含 6 个题项。部分题项包括："人们发生争端时，必须请自己的领导决定谁是正确一方"；"孩子们必须尊重他们父母尊重的人"等。依据单因子模型对其进行验证性因素分析（confirmatory factor analyses，CFAs）的各项拟合优度指标如下：NC 值 =2.925，$p<0.001$；GFI=0.961；TLI=0.857；RMSEA=0.068；RMR=0.077，这也说明了单因子模型的整体拟合优度比较高，同时也揭示了测量的区分效度有保障。

五、控制变量

根据大多数研究者采用的控制变量，研究中选取了 7 个个人特征的控制变量和 1 个组织层面的控制特征变量。对个人的控制变量包括：性别（0-1 虚拟变量，0 = "男"，1 = "女"）、管理岗位（0-1 虚拟变量，1 = "教学岗位",0 = "教辅岗位"）、最高学历（0-1 虚拟变量，1 = "专科"，0 = "本科，硕士和博士"）、婚姻（0-1 虚拟变量，1 = "已婚"，0 = "其他"）、年龄（连续型变量,单位：岁）、工作年限（连续型变量,单位：年）；对组织层面的控制变量包括：高校性质（0-1 虚拟变量，1 = "高职高专"，0 = "民办或者独立学院，一般本科，985 或者 211 高校"）。

在对已有文献回顾和以及对各构念进行重新验证的基础上，本研究结合文中权变模型图构建了组织支持感、心理资本、周边绩效以及传统性之间关系详细修订模型。

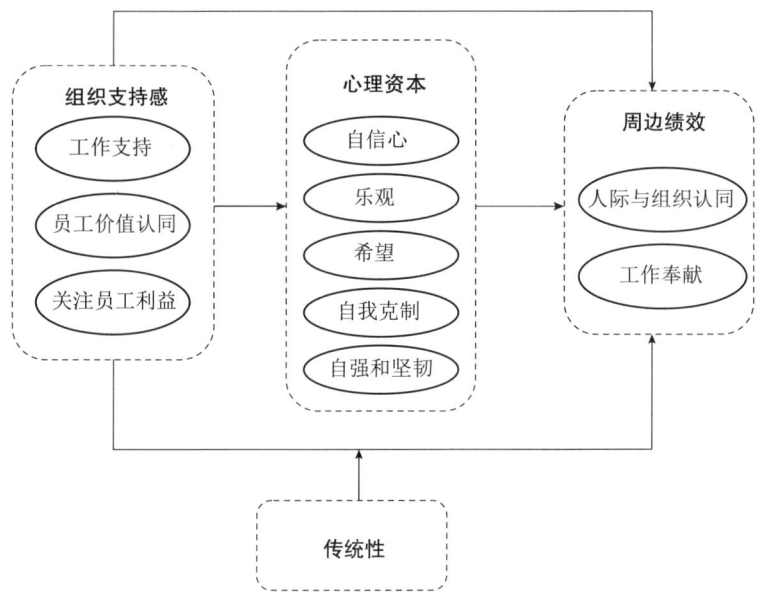

图 3-3　修订后研究设计模型

模型中的椭圆形代表潜变量，虚边方框表示显变量，单向直线箭头表示一个变量对另一个变量的直接影响。其中自变量为组织支持感（包括工作支持因子、员工价值认同因子），因变量是周边绩效（包括人际与组织认同因子、工作奉献因子），中介变量为心理资本（包括自信心因子、希望因子、乐观因子、自我克制因子以及自强和坚韧因子）。

第三节 研究假设

1993,鲍曼(Borman)和摩托维德罗(Motowidlo)[①]就注意到这一问题,他们发现管理人员在员工选拔领域的研究与实践中,特别关注工作任务绩效这一部分,而排除或者看低对组织效能也很重要的另一部分绩效。由此 Borman、Motowido 将周边绩效定义为"那些超出工作本身所要求的范围,但能为任务活动和程序提供组织的、社会的以及心理的环境,并独立贡献于组织的绩效。"整体绩效的行为即"周边绩效"(Contextual Performance)(Motowidlo 和 Scotter 1994)的涵盖的内容是非常丰富的,如组织中员工对所从事的工作尽职尽责、主动协助同事完成工作、对组织的发展提出建设性建议,角色外行为的履行、严格遵守组织内部的规章制度等。

随着社会交换理论和互惠准则概念的引入,Eisenberger et aI.(2001)等人提出了组织支持感(Perceived Organizational Support,简称 POS)理论,认为组织应该能够关心员工福利和需求,并且会提供赞扬、表彰和重视有贡献的员工。而作为交换,组织将得到员工的信任、尊重和喜欢,从而建立较高水平的相互作用。

[①] BormanW C andMotowidlo SJ., 1993 Expanding the Criterion Domain to Include Elements of Contextual Performance. SanFrancisco: Personnel Selection in Organization.

许多研究曾证实，组织支持感与员工周边绩效行为相关，处于高组织支持感的员工趋向于表现更高的周边绩效行为，Eisenbergeret aI.（2001）所调查发现，当员工感觉到较高的组织支持感时，他们将因此而增加对回报组织的责任感，因而表现为较高的工作奉献。在 Bishop et al.（2000）的调查中也发现，员工感知到的组织支持会经过提高组织承诺，进而提升员工的组织公民行为（概念上接近周边绩效行为）。而在 Rhoadesand Eisenberger（2002）的元分析中发现，员工感知到的组织支持与员工的角色外行为之间有显著的正向关系（校正后 r=0.22）。但也有学者发现，组织支持感与员工周边绩效行为之间的相关性不大或者无相关性（Wayne，1993；Cropancano，1997；Lagace，R. R. 1990；陈心田，2003；Liden，2003）。Wayne（1993）和 Liden（2003）员工的组织支持感对组织公民行为不具有直接影响，其原因是组织中员工会推论将组织对他们的支持视为一种和组织中主管之间关系的表现，也就是代表当员工感知到较多的组织支持时，基于社会交换关系可能会解释这样的结果是因为主管和员工关系良好造成的。而 Cropancano（1997）和陈心田（2003）则认为可能是受限于组织层级的限制，因此属于组织制度较多层面的部分，而在组织各项制度层面的执行上，组织中的员工不易直接感受到组织的善意。因此，组织支持感与员工周边绩效行为的关系并没有得到一致的结论。

通过上述文献可以看到，组织支持感与周边绩效的关系仍有必要在中国情景下得到验证；本研究将周边绩效视为结果变量，探讨组织支持感与其关系。对于高等院校教职工群体的相关理论研究还略显欠缺，所以有必要在中国情景下探讨高等院校教职工感知到的组织支持与周边绩效行为的关系。研究假设如下：

命题1：组织中员工感觉到组织支持程度越高，员工周边绩效就越高。

假设1a：组织员工感知到的组织支持程度和人际与组织认同正相关。

假设1b：组织员工感知到的组织支持程度与工作奉献行为正相关。

如卢桑斯提出的人力资源要想获得可持续的增长和绩效，心理资本和积极的支持背景是不可或缺的。在过去的很多年中，支持感研究者使用了不同的研究方法，一些人做出了个人绩效恒等式，包括能力、支持和努力的多元合并而成的。也就是说，员工的绩效就是其能力的产品，完成工作所得到的支持以及高标准完成工作的动机。因此员工绩效的一个关键因素就是接受支持的数量。

另外一个方法就是直接涉及组织支持感例如，Mercer and Bilson（1985）[1]提出组织支持感与员工产出即：组织承诺和工作满意度之间有积极的关系。无独有偶，Rogg, Schmidt, Shull, and

---

[1] A Mercer, K Bilson. (1985)Factors influencing organizational commitment by physicians. Academy of Management Proceedings.

Schmitt(2001)[①]发现组织支持感与组织产出如顾客满意度有相关关系。虽然 Rogg et al.(2001)在研究中集中于组织层面而非个人层面，但是他们的研究对后续研究如检验组织支持感对个人绩效、工作满意度和组织承诺都提供了初始发现。而且 Rogg et al.(2001)对组织支持感的构念效度测量是值得信赖的。

在如今对组织支持感的检验中我们认可这些方法。例如 Eisenberger 和他的同事们(Eisenberger, Fasolo, & Davis-LaMastro, 1990; Rhoades, Eisenberger, & Armeli, 2001)从一个人可认知的组织支持的数量检验了支持感。同时，一些理论模型坚称在组织内部支持和加强的价值影响了放置在组织内部的人力资源系统的种类，然后这些系统反过来影响了组织感。这样的组织感知对员工态度和行为以及个人和组织绩效都已经产生了积极的影响(Ferris, Arthur, Berkson, Kaplan, Harrell-Cook, & Frink, 1998)[②]。基于以前的理论和研究，可以得到支持的组织感可能被定义为雇员从同事、其他部门和主管接受的各种可以察觉的支持，他们认为这些支持能帮助他们成功完成他们的工作任务

[①] Rogg, K. L., Schmidt, D. B., Shull, C., & Schmitt, N. (2001). Human resource practices, organizational climate, and customer satisfaction. Journal of Management, 27, 431-449.

[②] Ferris, G. R., Arthur, M. M., Berkson, H. M., Kaplan, D. M., Harrell-Cook, G., & Frink, D. D. (1998). Toward a social context theory of human resource management-organizational effectiveness relationship. Human Resource Management Review, 8, 235-264.

Renn and Vandenberg(1995)[①]的研究中提到了组织支持感和绩效之间的概念性联系。他们在研究中检验了 Hackman and Oldham's(1980)[②]被广泛认可的工作特征模型。他们验证了关键的心理特征(CPS-experienced meaningfulness, experienced responsibility for outcomes of the work, and knowledge of the results of one's work 对工作的产出和个人工作结果的知识感觉到体验式意义和责任)对核心工作维度(技能多样性、任务统一性、任务重要性、自主性与反馈)和个人工作绩效(Renn & Vandenberg, 1995)[③]的中介效应。他们的发现概括来说支持了关键心理状态的中介效应,也可能为我们验证积极的心理资本对组织支持感和个人绩效起到中介效应提供了支持。更具体来说,为了一个在个人影响个人绩效之外的变量(像在 Renn and Vandenberg,1995 研究中核心工作维度,或者现在研究中的组织支持感),中介变量具体对于个人来说有可能是重要的角色[像 Renn and Vandenberg(1995)[④] 研究中关键的心理状态和现在研究中的心理资本]。

---

① Renn, R.W., & Vandenberg, R. J. (1995). The critical psychological states: An underrepresented component in job characteristics model research. Journal of Management, 21, 279-303.

② Hackman, J. R., & Oldham, G. R. (1980). Work redesign. Reading, MA: Addison-Wesley.

③ Renn, R.W., & Vandenberg, R. J. (1995). The critical psychological states: An underrepresented component in job characteristics model research. Journal of Management, 21, 279-303.

④ Renn, R.W., & Vandenberg, R. J. (1995). The critical psychological states: An underrepresented component in job characteristics model research. Journal of Management, 21, 279-303.

一般看法可能总结出来个人从组织中接受支持的数量将直接影响高绩效。一些研究确实证实了这些变量之间的直接关系（例如，Eisenberger et al., 1990）[1]。但是如果个人没有能力完成任务，组织所有的支持也不一定能得到连续的成功。因此，虽然支持与绩效之间有联系，但是这些结果并不连续，同时其中的过程需要进一步的调查以更好地理解和预测。

Gardner 和他的同事们（Gardner & Schermerhorn, 2004[2]；Schermerhorn et al., 1990[3]）验证了组织支持和个人绩效之间的个人因素（能力和努力）。通过检验这些中介关系，我们可能解释以前研究中组织支持感对绩效的不连续的关系（Delaney & Huselid, 1996[4]；Becker & Gerhart, 1996[5]）。因此基于先前研究，现在研究假设中不能对组织支持感和个人绩效之间做直接影响的假设，而是要提出心理资本在这种关系中起到中介作

---

[1] Eisenberger, R., Fasolo, P., & Davis-LaMastro, V. (1990). Perceived organizational support and employee diligence, commitment, and innovation. Journal of Applied Psychology, 75, 51-59.

[2] Gardner, W. L., & Schermerhorn, J. R., Jr. (2004). Unleashing individual potential: Performance gains through positive organizational behavior and authentic leadership. Organizational Dynamics, 33, 270-281.

[3] Schermerhorn, J. R., Jr., Gardner, W. L., & Martin, T. N. (1990). Management dialogues: Turning on the marginal performer. Organizational Dynamics, 18, 47-59.

[4] Delaney, J. T., & Huselid, M. (1996). The impact of human resource practices on perceptions of organizational performance. Academy of Management Journal, 39, 949-969.

[5] Becker, B., & Gerhart, B. (1996). The impact of human resource management on organizational performance: Progress and prospects. Academy of Management Journal, 39, 779-801.

用的假设。虽然在过去的研究中组织支持和绩效之间不是连续的关系，但是先前研究中表明支持感对个人和组织产出有直接关系。例如在 Rogg 和他的同事研究中（Rogg et al., 2001）[1]，证实了支持感和人际促进之间的重要关系。Eisenberger 等（1990）[2] 也发现可察觉的组织支持与员工勤奋、员工工作投入以及员工创新之间的关系。Rhoades 等（2001）[3] 也提出可察觉的组织支持与奉献之间的关系，因此过去的研究中支持了组织支持感与周边绩效之间的关系。Luthans 等（2005）[4] 通过对三个中国中西部组织（两个国有企业和一个民营企业）422 位员工的实证调查研究，揭示了员工心理资本与他们的工作绩效的之间的作用关系。研究结果显示，员工的希望、乐观和坚韧力三种积极心理状态，都与工作绩效以及组织中的组织公民行为有正相关关系，同时由希望、乐观和坚韧力三个维度组成的心理资本与绩效和行为之间的正相关关系更强些；心理资本与员工的组织公民行为正相关。该研究的结果在一定程度上说明，

---

[1] Rogg, K. L., Schmidt, D. B., Shull, C., & Schmitt, N. (2001). Human resource practices, organizational climate, and customer satisfaction. Journal of Management, 27, 431-449.

[2] Eisenberger, R., Fasolo, P., & Davis-LaMastro, V. (1990). Perceived organizational support and employee diligence, commitment, and innovation. Journal of Applied Psychology, 75, 51-59.

[3] Rhoades, L., Eisenberger, R., & Armeli, S. (2001). Affective commitment to the organization: The contribution of perceived organizational support. Journal of Applied Psychology, 86, 825-836.

[4] Luthans, F., Avolio, B., Walumbwa, F., & Li, W. (2005). The psychological capital of Chinese workers: Exploring the relationship with performance. Management and Organization Review, 1, 247-269.

为了改善组织绩效和提升组织竞争力，我们应该关注心理资本的研究和开发。Fred Luthans 等（2008）认为组织支持氛围对组织中员工的心理资本有积极的正向作用，当一个员工感觉到被支持时，他很有可能满怀希望创新地去完成自己的工作。同样员工感知到被组织支持，他会在面临困境时迅速从中走出来，恢复活力。

我们也提出对支持感的认知可能是心理资本发展的必不可少的积极条件。例如，当员工感觉到被支持，他们会使用希望因子中的路径产生来尝试未被证明或新的方法来完成工作。同时，考虑到坚韧力被定义为财富和资源，一个支持感对个人遭遇挫折后能迅速恢复原状中可能扮演关联资源。例如由于员工犯错出现挫折，那些可能经历过高层次的坚韧力因素的员工在支持的感中不会由于犯错而过于害怕报复和惩罚。他们仍旧会将思想集中在手头工作，将挫折抛之脑后，积极有效地应对挫折。

就乐观归因来说，组织支持感如何能对心理资本的个人层面有贡献的例子可以理解。例如，在支持感中错误可能被归因于外部的、不稳定的和具体的事件，尤其例如，雇员如果在支持的感中犯错，他们不会对自己的能力表示怀疑，这就允许他们将失败归因于外部而非较差知识、能力技能。即使归因于个人，在支持的组织感中一个人也期望这样的信息被表达，即让我们使用另外的方法重新尝试。

在 Fredrickson's（2001, 2005）[①②] 的扩展—构建理论中又进步研究了积极的心理资本所包含的要素单独的贡献。Fredrickson 的研究验证了积极性扩展了解决问题的技能、适应机能和知行技能。Carolyn M. Youssef（2009）[③] 则证实希望和坚韧力与工作投入相关，而希望和自我评价相关。在管理领域进行的许多研究都表明，心理资本以及希望、员工的乐观等维度，能够对领导或员工的工作绩效和工作态度产生积极影响。比如，Peterson 和 Luthans（2002）[④] 的实证研究结果证明，组织中希望水平较高的管理者，其所在的工作部门的绩效也相对较高。另外，还有一些对组织中的管理者心理资本和绩效的研究结果显示，乐观程度与高水平绩效相关，管理者以及员工的工作奉献精神也与乐观水平相关。Alexander D. Stajkovic（2005）[⑤] 通过元分析发现自信心的开发有利于组织的首创精神。Ann S. Masten（2001）[⑥] 通过对聚焦于变量和

---

① Fredrickson, B. L. (2001). The role of positive emotions in positive psychology: The broaden-and-build theory of positive emotions. American Psychologist, 56, 218-226.

② Fredrickson, B. L., & Losada, M. F. (2005). Positive affect and the complex dynamics of human flourishing . American Psychologist, 60, 678-686.

③ Carolyn M. Youssef .(2009). The Additive Value of Positive Psychological Capital in Predicting Work Attitudes and Behaviors,1-23.

④ Peterson, S., & Luthans, F. (2003). The positive impact of development of hopeful leaders. Leadership and Organization Development Journal, 24, 26-31.

⑤ Stajkovic, A., & Luthans, F. (1998). Self-efficacy and work-related performance: A meta-analysis. Psychological Bulletin, 44, 580-590.

⑥ Masten, A. S. (2001). Ordinary magic: Resilience processes in development. American Psychologist, 56, 227-239.

聚焦于个人的调查研究发现坚韧力是普遍存在的，同时当人们受到较大的威胁时它能起到自动调整的功能，所以自强和坚韧对工作—任务责任感有积极的影响。自信心与相关工作态度关系的研究，目前还存在着很大分歧。但 McDonald 和 Siegall（1998）[1]以正在经历技术变革的技术人员为研究对象却发现，自信心与员工自我价值认同、工作奉献度存在着显著的正相关，与离职意愿、工作懒散呈显著的负相关，国内学者陆昌勤和凌文辁（2006）[2]以中国情境下的管理者为样本也得出了相同的结论。

为了验证积极的心理资本在组织支持感与周边绩效可能起到的效应，研究假设如下：

命题2：组织中员工感觉到组织支持程度越高，员工的心理资本就越高。

H2a：组织对员工的工作越支持，员工的心理资本就越高。

H2b：组织越关注员工利益，员工的心理资本就越高。

H2c：组织越认同员工的价值，员工的心理资本就越高。

命题3：员工的心理资本在员工感知到的组织支持程度和员工周边绩效之间起中介作用。

假设3a-Ⅰ：员工的自信心对组织支持感和工作奉献的关系有中介作用。

---

[1] M Siegall, T McDonald.1998. Person-organization value congruence, burnout and diversion of resources. Personnel Review, 33, 291-301.

[2] 陆昌勤，凌文辁，方俐洛. 管理自我效能感与管理者工作态度和绩效的关系. 北京大学学报（自然科学版），（2006），276-280.

假设3a-Ⅱ：员工的自信心对组织支持感和人际与组织认同的关系有中介作用。

假设3b-Ⅰ：员工的希望程度对组织支持感和工作奉献的关系有中介作用。

假设3b-Ⅱ：员工的希望程度对组织支持感和人际与组织认同的关系有中介作用。

假设3c-Ⅰ：员工的乐观对组织支持感和工作奉献的关系有中介作用。

假设3c-Ⅱ：员工的乐观对组织支持感和人际与组织认同的关系有中介作用。

假设3d-Ⅰ：员工的自强和坚韧对组织支持感和工作奉献的关系有中介作用。

假设3d-Ⅱ：员工的自强和坚韧对组织支持感和人际与组织认同的关系有中介作用。

假设3e-Ⅰ：员工的自我克制对组织支持感和工作奉献的关系有中介作用。

假设3e-Ⅱ：员工的自我克制对组织支持感和人际与组织认同的关系有中介作用。

组织支持感理论是基于互惠准则（reciprocal norm）和社会交换理论发展出来的概念：基于社会规范，受人滴水之恩应当涌泉相报，社会规范要求我们报答那些给予我们帮助的人；同时相信一方作出贡献，那么就可能在将来会有回报

（Rousseau，1989）[①]。基于中国传统文化中的"投之以桃，报之以李"情结，在一个传统的组织中强调集体主义，鼓励并告知员工要将组织利益置于个人利益之上，个人应遵守组织规则、主动为组织奉献（姜定宇、郑伯勋，2002）[②]，虽然经过剧烈的社会变迁，中国人身上依然保留着很多传统文化的印记，作为人格特征体现在现代中国人身上（比如传统性），在组织中会影响员工与组织之间的作用关系（杨国枢，2004）[③]。

传统性是台学者杨国枢（1991）[④]基于台湾地区大学生和成人为样本提出的一个本土化概念。他们是以个人传统性作为个人现代性的反面进行初始研究，经过讨论将传统性定义为在中国传统文化的影响下，个人所具有的固定认知态度与常见行为模式。换句话说，他们认为在传统社会中个人所最常具有的一套有组织的态度、观念、价值取向和行为意向都被视为传统性。Hui，Lee 和 Rousseau（2004a）[⑤]指出：研究中国组织内的组织与员工之间的关系动力学，传统性是一个有效的解释变量。根

[①] Rousseau, D. M., 1989, "Psychological and Implied Contractsin Organizations", Employee Responsibilities and Rights Journal, 2,121~139.
[②] 姜定宇、郑伯勋：《组织忠诚、组织承诺、及组织公民行为》，《组织行为研究在台湾——三十年回顾展望》，桂冠图书公司，2002年。
[③] 杨国枢：《中国人的心理与行为：本土化研究》，中国人民大学出版社，2004年。
[④] 杨国枢：《中国人的心理与行为：本土化研究》，中国人民大学出版社，2004年。
[⑤] Hui, C., Lee, C., Rousseau, D. M., 2004b, "Psychological Contract and Organizational Citizenship Behavior in China: Investigating Generalizability and Instrumentality", Journal of Applied Psychology, 89(2), pp.311-321.

据 Farh 等（1997）[1]与 Hui 等人（2004a）[2]的研究，传统性是指个人对中华民族传统价值的认可程度，比如典型的传统性表征有：尊重长辈、服从上级等。

杨国枢等学者将传统性的主要维度归纳为：遵从权威（强调各种角色关系和社会情景中应遵守、顺从及信赖权威）；孝亲敬祖（具体包括两个部分。孝事父母，敬祭祖先）；安分守成（主要强调安分与守成两个方面。前者强调自守本分、与人无争，后者强调接受现实和不求进取）；宿命自保（主要内涵是宿命和自保。前者强调避免麻烦，后者强调自利自保）；男性优越（主要内涵是在组织和社会中男性优于以及超越女性的态度）。这也就是说，中国人的传统性格特质大致可以分为四大类，分属于自我取向、家族取向、他人取向和权威取向。比较传统的中国人会对组织或者社会中的权威无条件尊敬、信任和服从。他们同时有非常强烈的家族观念，强调对长辈的尊敬和祖先的孝敬，对自己所处组织的忠诚等。中国人的这种传统性与人际关系和管理规范等都息息相关，比如传统的员工对上级绝对服从、个人对组织绝对忠诚等。高度传统的员工往往会把自己所处的组织视为自己的家，因此可认为传统性与工作奉献、组织公民行为以及角色外行为存在某种

---

[1] Farh, J.L., Earley, P.C., Lin, S., 1997, "Impetus for Action:A Cultural Analysis of Justice and Organizational Citizenship Behavior in Chinese Society", Administrative Science Quarterly, 42(3), pp.421-444.

[2] Hui, C., Lee, C., Rousseau, D.M., 2004a, "EmploymentRelationships in China: Do Workers Relate to the Organization or toPeople?" Organization Science, 15(2), pp.232-240.

联系。本研究构建模型上将员工的传统性视为影响周边绩效过程的调节变量,具体到对组织支持感和周边绩效过程的影响,"受人滴水之恩当涌泉相报"、"投之以木瓜,报之以琼瑶"等传统的中华美德都是中国人优良的价值观,。如果传统性的员工对组织支持有强烈的感觉,那么对于传统的中国人来讲,就会有强烈并稳定的信念履行自己周边绩效行为的愿望,因此有如下假设:

命题4:员工的传统性在员工感知到的组织支持程度和员工周边绩效之间起调节作用。

假设4a:相对低传统性的员工而言,高传统性的员工感知到组织支持与周边绩效之间的正向向关系更强。

本章小结

本章在结合第二章文献回顾和理论基础,构建了组织支持感、心理资本、周边绩效以及传统性之间关系的模型;同时根据已有文献提出了五个命题:(1)组织中员工感觉到组织支持程度越高,员工周边绩效就越高;(2)组织中员工的心理资本越高,员工周边绩效就越高;(3)组织中员工感觉到组织支持程度越高,员工的心理资本就越大;(4)员工的心理资本在员工感知到的组织支持程度和员工周边绩效之间起中介作用;

（5）员工的传统性在员工感知到的组织支持程度和员工周边绩效之间起调节作用。

本研究所涉及的变量，为了以保证问卷的信度与效度，大多沿用了现有的经过中国情景化后的比较权威的量表，只有中介变量心理资本结合Luthans的量表对非营利性组织——高等院校重新进行了设计：（1）组织支持感，采用凌文辁教授中国情景化后的量表改编版，共有24个测量题项来测量"组织支持感"；（2）心理资本，结合Luthans编制量表基础上进行了重新设计，加上了自我克制因子，共有22个测量题项来测量"心理资本"；（3）周边绩效，采用经过陈亮教授中国情景化Van Scotter和Motowidlo等学者编制的周边绩效问卷，共26个测量题项；（4）传统性，采用了Farh等（1997）[1]与Hui等人（2004a）[2]等学者编制的传统性问卷，包括6个项目。所有题项都以利克特（Likert）5级态度量表来测量，1代表非常不同意，5代表非常同意。而且在本研究中采用的控制变量为7个个人特征变量（性别、年龄、最高学历、管理岗位、婚姻、工作年限）和1个控制单位特征的变量（高校性质）。

为了确保后续研究的有效性，本章最后对变量的各测量题

---

[1] Farh, J.L., Earley, P.C., Lin, S., 1997, "Impetus for Action:A Cultural Analysis of Justice and Organizational CitizenshipBehavior in Chinese Society", Administrative Science Quarterly, 42(3), pp.421-444.

[2] Hui, C., Lee, C., Rousseau, D.M., 2004a, "EmploymentRelationships in China: Do Workers Relate to the Organization or toPeople?" Organization Science, 15(2), pp.232-240.

项进行详细的信度分析,检验测量题项的信度都达到可接受水平($\alpha \geq 0.7$)。通过相关分析对一些变量间的关系进行分析与了解,为后面的研究做好准备,同时,对数据分析与处理的方法进行了详细的介绍。尤其是对心理资本"中介变量"的检验需要满足的条件进行了详细的处理说明。

第四章 高等院校教职工组织支持感对周边绩效作用机制研究

结合前文相关分析的结论,我们可以看出各变量之间相关关系的强弱受正向或者负向影响,下文我们运用回归分析方法对各个假设进行检验和进一步分析。本章对中介效应和调节效应的检验结果分析是以温忠麟(2005)[①]发表在《心理学报》的《调节效应与中介效应的比较和应用》为标准。

第一节 数据收集和样本描述

一、数据收集

本研究采用问卷调查法(邮寄、网上答卷、现场发放)和现场访谈法进行调查。由于问卷中各个构念的测量已经相对比

[①] 温忠麟,侯杰泰,张雷.调节效应与中介效应的比较和应用[J].心理学报,2005,37(2):268-274.

较成熟，问卷的内容设计主要是以封闭性回答为主。问卷调查法主要在于能够获得结构化数据，以此作为定量分析的基础，问卷调查法的运用，关键在于对原始问卷的编制，以及被试选择和结果的分析。用来检验研究假设的数据来自于国内四十余所高校，涉及湖北、河南、河北、内蒙古、黑龙江、吉林、辽宁、新疆维吾尔自治区、广西壮族自治区、重庆、四川、江苏、安徽、福建、北京、天津、湖南、山东、广东，18个省、直辖市和自治区，其中高校涉及985与211高校，一般本科，高职高专与民办和独立院校等。

本研究中的四个构念中组织支持感、周边绩效以及传统性的问卷主要是沿用现有量表，其主要原因：第一，在现有的文献中，这些量表已经被不同的研究人员在不同的研究环境和不同的被试群体中使用过，有较高的信度和效度；第二在已有的文献中已经被反复使用，同时认可度也高。而已有的心理资本量表主要是以营利性组织为样本，而高等院校作为非营利性组织或者被称为事业单位的教职工有其独特性，所以量表以沿用已有量表为主，自行设计为辅。

本研究中通过网上填写问卷、邮寄问卷以及现场发放问卷发给已经工作的同学，请他们帮忙填写，同时每份问卷发放时给予小礼品一个以表达自己的谢意。以三种方式共发放问卷892份（邮寄问卷600份，网上问卷190份，现场回收102份），经过一份一份进行检查筛选，剔除受污染的问卷（主要剔除没有回答或者漏答，以及题项之间有矛盾或者所有选项都选一个数字）以后，共回收有效问卷821份（邮寄回收541份，网上问卷182份，现场回收98份），问卷回收率达92.03%。其中现场回收有效问卷率最高，网上回收率次之，最差的是邮寄回收率。由于样本是高校教职工，可能是大部分都受过高等教育的缘故，样本回收率和有效率都相对比较高。

样本数据收集中的同源偏差的避免，同源偏差是由于相同的数据来源或评分者、相同的测量情景、题项语境以及题项自身特征所造成的预测变量与效标变量之间人为的共变，人为的共变会对研究结果产生严重的干扰同时对结论有潜在的误导，这是一种系统误差（周浩，龙立荣，2004）[1]。对同源偏差的控制一般可以分为程序控制和统计控制，Tsui et al.（1992）[2]在研究中采用程序控制的方法，主要是指研究者的控制措施体现在研究设计和测量过程中，比如匿名性、平衡题项顺序效应和改进量表题项等。但是在某些情境研究中，受特殊条件限制，程序控制这种方法无法有效实施，这时就必须考虑使用统计的方法对同源偏差进行控制。在问卷的研究设计上，本调查问卷明确表明作答匿名性，各题项的回答结果无对错之分，同时在发放问卷时确保题项信息不丢失的情况下使用简单明确的语句，结合将题项反向提问等方式。这些方法都是以减少研究数据的

---

[1] 周浩，龙立荣.《共同方法偏差的统计检验与控制方法》[J]，《心理科学进展》，2004（6）：p942-950.
[2] Tsui A S, Pearce J L, Porter L W, Tripoli A M.《如何处理员工—组织关系：对员工的投入能带来回报吗？》[J]，徐淑英，张维迎《美国管理学会学报》最佳论文集萃，北京大学出版社，2006年6月第1版：p76-114.

同源偏差为目的的。

二、样本描述

（一）样本的基本描述性统计

利用基本描述性统计方法对 821 份有效问卷进行分析，统计结果如下表 4-1 所示。

表 4-1　基本描述性统计分析结果

变量	最小值	最大值	跨度	平均值	均值标准误	标准差	中位数	统计量
1. 工作支持	1	5	4.00	3.25067	0.027	0.78541	3.2	821
2. 员工价值认同	1	5	4.00	3.17731	0.026	0.746724	3.14	821
3. 关注员工利益	1	5	4.11	3.040891	0.030	0.884856	3.00	821
4. 组织支持感	1	5	4.00	3.168088	0.025	0.723576	3.08	821
5. 自信心	1	5	4.00	3.709298	0.024	0.708358	3.67	821
6. 乐观	1	5	4.00	3.174178	0.037	1.08121	3.00	821
7. 希望	1	5	4.00	3.625091	0.025	0.727511	3.60	821
8. 自强和坚韧	1	5	4.00	3.675309	0.024	0.687564	3.71	821
9. 自我克制	1	5	4.00	3.114495	0.029	0.846253	3.00	821
10. 心理资本	1.09	4.81	3.72	3.555808	0.018	1.08121	3.55	821
11. 人际与组织认同	1	5	4.00	4.152772	0.023	0.664724	4.20	821
12. 工作奉献因子	1	5	4.00	4.125065	0.025	0.718817	4.09	821
13. 周边绩效	1	5	4.00	4.141151	0.022	0.658514	4.11	821
14. 传统性	1	5	4.00	2.866189	0.022	0.6586	3.83	821

在表 4-1 中，对个构念及其维度的基本描述性统计分析结果展示了样本的分布特征。我们看到，除去心理资本这个构念各变量的最大值几乎都能达到选项设置的最大值。而在最小值方面，也是除了心理资本这个构念最小值为 1.09，超过了选项设置的最小值，其他变量的最小值都达到了选项设置的最小值。

从平均值看，测量组织支持感构念的三个维度中均值最小的是关注员工利益，均值为 3.04，这也说明了高等院校作为一个组织，对于教职工来说他们感知到组织对他们的利益关注度相对于最低，其次员工价值认同，均值为 3.17，这说明高等院校对组织中的员工的自身价值体现还没有完全重视，比如说在其中一个测量题项"组织认为解聘员工是不小的损失"得分极低，这也体现了在中国高等院校作为事业单位姿态相对比较高；其中均值最大的是工作支持，均值为 3.25，这就体现出来高等院校思想认识方面，比如说：组织经常会注意到出色的员工，提供晋升和奖励的机会。

用来测量心理资本的 5 个维度中，均值最大的是自信心，最小的是自我克制，这说明了高等院校中教职工一般来说都是学历相对较高的，在某一方面有一定的专长，会为自己在自信心方面增加不少得分，而同时也体现了一个小的问题，由于高等院校的特殊性，教职工也很难将自己的职业和服务业相提并论，因此自我克制得分最低。

用来测量周边绩效的 2 个维度中，均值非常接近，均值较大的是人际与组织认同，较小的是工作奉献因子，这一来说明了高等院校的集体氛围相对比较好，同时教职工的使命使自己乐于奉献，二来说明了教职工更倾向于人际和组织的认同。

测量传统性构念，均值只仅仅达到了 2.866，这说明了高等院校中教职工在传统性方面得分并不是特别高。

表 4-2 根据样本来源的人口统计学变量的性别、管理岗位、最高学历、婚姻、年龄（连续型变量，单位：岁）、工作年限（连续型变量，单位：年）；高校性质，工作时间的特点给出了样本的分布情况。

由表 4-2 我们知道，样本的性别比例是女性多于男性，这也从一方面体现高等院校中女性比例略微占优的现实。岗位的分布特征是从事教学的员工居多，而从事教辅的较少，样本也体现高等院校主要是以教学和科研为主。学历的分布情况是具有硕士学历的员工居多，本科次之，最少的是专科，这说明了高等院校在学历层次相对以研究生以上学历为主。婚姻的分布特点是未婚的相对较少，而已婚的相对较多，毕竟进入高校工作年龄上的特征也决定了这一点，在年龄上样本中占有主体的年龄是 26~35 岁之间，25 岁以下的只有不到 5%。

在高校工作的年限特征表现为，工作 5~15 年人数超过一半，由于样本收集是在同学和朋友的帮助下进行填写，自己的同学年龄大都处于 35 岁以下，所以样本中工作年限在 4 年以下的也占了总数的 36.5%。由于高等院校教辅和教学之间存在着一定的流动性，所以在问卷调查中加上了一项，在目前工作

表 4-2 样本的一些主要特征

被试特征	数量	百分比(%)	被试特征	数量	百分比(%)	被试特征	数量	百分比(%)
性别			目前岗位			婚姻		
男	357	43.5	管理岗位	243	20.4	未婚	181	22
女	464	56.5	教辅岗位	57	28.3	已婚	640	78
缺失值	0	0.5	教学岗位	8	79.6	缺失值	0	0
			缺失值	0	0			
合计	821	100	合计	821	100	合计	821	100
高校工作年限			最高学历			高校性质		
4年以下	300	36.5	大专	18	2.2	985或211	209	25.5
5~10年	320	39	本科	231	28.1	民办高校	84	10.2
11~15年	91	11.1	硕士	418	50.9	高职高(专)	168	20.5
16~20年	58	7.1	博士	154	18.8	一般本科	360	40.8
21年以上	52	6.3	缺失值	0	0	缺失值	0	0
缺失值	0	0						
合计	821	100	合计	821	100	合计	821	100
			目前岗位工作时间			年龄		
			小于5年	392	47.7	25岁以下	40	4.9
			5~8年	232	28.3	26~35岁	504	61.4
			大于8年	197	24	36~45岁	205	25.0
			缺失值	0	0	46岁以上	72	8.8
						缺失值	0	0
			合计	821	100	合计	821	100

岗位工作的时间，其中小于 5 年的占据了绝对的优势，达到了 47.7%。高校性质的样本分布中，个体来自于一般本科的教职工占据综合的 40.8%，最少的是民办高校占据了 10.2%，这是发放问卷时按照中国教育统计年鉴刻意安排的。

（二）各变量之间的相关分析

利用相关分析对反映组织支持感、心理资本、周边绩效等不同变量进行分析。所有变量的 Pearson 相关系数在表 4-3 中都有所体现。

1. 反映组织支持感各维度之间的相关性。反映组织支持感的 3 个维度之间都呈现高度的显著正相关（$P<0.001$）。其中 1~3 分别表示：1 代表"工作支持"、2 代表"员工价值认同"、3 代表"关注员工利益"。工作支持与员工价值认同（$r = 0.687^{***}$）、以及关注员工利益（$r = 0.742^{***}$）的正相关性都很显著。另一个维度员工价值认同与关注员工利益（$r = 0.704^{***}$）的正相关性也比较显著。

2. 反映心理资本的各维度之间的相关性。反映心理资本的 5 个维度，即 5~9 分别表示：5 代表"自信心"、6 代表"乐观"、7 代表"希望"、8 代表"自强和坚韧"以及 9 代表"自我克制"，这些维度中自信心和其他四个维度之间，除了与自我克制相关性不显著外，与乐观（$r = 0.037^{***}$），希望（$r = 0.691^{***}$）以及自强和坚韧（$r = 0.639^{***}$）都表现为高显著正相关。乐观与希望及自强和坚韧之间相关性不显著，而与自我克制呈（$r = $

0.061***）高显著正相关。希望与自强和坚韧（r = 732***）以及自我克制（r = 0.090***）都高显著正相关。自强和坚韧与自我克制（r = 115***）间也呈高显著正相关

3. 反映周边绩效的变量间的相关性。反映周边绩效的 2 个维度之间都呈现高度的显著正相关（P<0.001）。其中 11~12 分别表示：11 代表"人际与组织认同"和 12 代表"工作奉献"。其中人际与组织认同和员工工作奉献（r = 0.833***）正向相关性都很显著。

4. 组织支持感、心理资本、周边绩效各构念间的相关性。总体看来，组织支持感与心理资本是显著正相关关系（见表4-3）。其中，工作支持与心理资本的正相关关系（r = 0.442***）要强于员工价值认同（r = 0.409***）与关注员工利益（r = 0.379***）的正相关关系。而希望与组织支持感的正相关关系（r = 0.446***）要强于自信心（r = 0.367***）、乐观（r = 0.051***）、自强和坚韧（r = 0.421***）、自我克制（r = 0.135***）的正相关关系。

心理资本与周边绩效总体来说是正相关的关系，除了乐观和自我克制与周边绩效的正相关性不显著之外，心理资本和人际与组织认同的正相关关系（r = 0.617***）要强于工作奉献（r = 0.570***）的正相关关系。而自强和坚韧与周边绩效的正相关关系（r = 0.590***）要略强于自信心（r = 0.534***）和希望（r = 0.540***）的正相关关系。

组织支持与周边绩效总体来说是正相关的关系，工作支持

表 4-3 组织支持感、心理资本、周边绩效各构念间的相关性

	M	SD	1	2	3	4	5	6	7	8	9	10	11	12	13
1	3.25067	0.78541	1												
2	3.17731	0.746724	0.687***	1											
3	3.040891	0.884856	0.742***	.704***	1										
4	3.168088	0.723576	0.924***	.863***	.904***	1									
5	3.709298	0.708358	0.364***	.336***	.282***	.367***	1								
6	3.174178	1.08121	-0.015	.081**	.056*	.051*	.037**	1							
7	3.625091	0.727511	0.421***	.384***	.392***	.446***	.691***	.001	1						
8	3.675309	0.687564	0.400***	.378***	.355***	.421***	.639***	.014	.732***	1					
9	3.114495	0.846253	0.097***	.166***	.115***	.135***	.061*	-.377***	.090***	.115***	1				
10	3.555808	1.08121	0.442***	.409***	.379***	.458***	.849***	.110***	.882***	.889***	.174***	1			
11	4.152772	0.664724	.383***	.322***	.273***	.368***	.535***	.046	.527***	.589***	.022	.617***	1		
12	4.125065	0.718817	.387***	.287***	.231***	.311***	.482***	.042	.506***	.533***	.074	.570***	.833***	1	
13	4.141151	0.658514	.369***	.317***	.266***	.357***	.534***	.046	.540***	.590***	.040	.623***	.967***	.947***	1

和周边绩效的正相关关系（r = 0.369***）要强于员工价值认同（r = 0.317***）和关注员工利益（r = 0.266***）的正相关关系。而人际与组织认同与组织支持感的正相关关系（r = 0.368***）要略强于工作奉献（r = 0.311***）的正相关关系。组织支持和心理资本与周边绩效总体来说是正相关的关系，心理资本与周边绩效的正相关关系（r = 0.623***）要略强于组织支持感（r = 0.357***）的正相关关系。

本章节的数据分析主要是用SPSS15.0数据分析软件和AMOS17.0软件进行数据分析，对样本进行主成分分析，因子分析以及验证性因子分析。

我们对问卷项目的信度先进行检验，是以测量题项的信度是否达到（α ≥ 0.7）可接受水平。表4-4中我们给出了本研究中变量cronbach's α系数。各变量的信度系数从0.732到0.979，均大于可接受水平0.70。各变量的信度系数从0.732到0.979，均大于可接受水平0.70。其中，心理资本构念中连个维度囊括了其中最大最小值，基本乐观的信度最高，α系数为0.979，信度系数最小的自我克制因子，α值也达到了0.79；测量组织支持感的24个变量的信度系数分布在0.805到0.942之间；测量周边绩效的26个变量的信度系数分布在0.943到0.969之间，总量表的92个项目的信度系数为0.96。因此，从这些信度系数数值我们可以了解问卷题项的异质性、可靠性、再现性和稳定性都比较理想。

表 4-4 信度系数表

维度	α 系数	题项数	观测量
工作支持	0.900	10	821
员工价值认同	0.805	7	821
关注员工利益	0.887	7	821
组织支持感	0.942	24	821
自信心	0.88	6	821
乐观	0.979	2	821
希望	0.831	5	821
自强和坚韧	0.843	7	821
自我克制	0.732	2	821
心理资本	0.887	22	821
人际与组织认同	0.952	15	813
工作奉献因子	0.943	11	813
周边绩效	0.969	26	813
传统性	0.735	3	813
问卷总项目	0.959	82	821

第二节 心理资本、周边绩效和传统性在人口统计变量上的样本比较

单因素方差分析是用来分析和研究一个控制变量的不同水平是否对观测变量产生显著影响，也即组间均值的多重比较分析用来检验两个彼此独立变量的均值是否存在差异。本研究使

对其心理资本有显著性影响,多重比较后发现拥有本科学历教职工的心理均显著高于硕士学历的员工,同时也发现拥有本科学历的教职工分别在希望和自强与坚韧这两个维度上也显著高于拥有硕士学历的教职工,但学历对于员工的自信心,乐观以及自我克制上并没有显著性影响。教职工的工作年限只仅仅在自我克制这个维度上有显著差异,多重比较后显示,工作21年以上、16~20年、11~15年、5~10年的教职工在自我克制上都显著高于工作4年以下的教职工,但是教职工的工作年限在心理资本这个构念上没有显著差异。

表4-5 不同个人统计学因素下高等院校教职工心理资本T检验和方差检验表

	因子	自信心	乐观	希望	自强和坚韧	自我克制	心理资本
Mean	男性	3.775	3.077	3.624	3.676	2.859	3.563
	女性	3.658	3.236	3.625	3.674	2.911	3.550
t值		2.300	2.080	0.035	0.035	0.898	0.349
Sig		0.022	0.038	0.972	0.972	0.369	0.727
Mean	教辅岗位	3.746	3.210	3.675	3.750	2.866	3.600
	教学岗位	3.694	3.149	3.604	3.644	2.901	3.540
t值		0.969	0.734	1.272	2.026	0.526	1.643
Sig		0.333	0.463	0.204	0.043	0.591	0.101
Mean	未婚	3.747	3.191	3.664	3.739	2.796	3.590
	已婚	3.699	3.160	3.614	3.657	2.917	3.550
t值		0.889	0.332	0.873	1.499	1.699	1.107
Sig		0.375	0.740	0.383	0.135	0.090	0.259

用独立样本T检验和单因素方差分析来检验样本性别、婚姻、年龄、岗位、高校性质、最高学历等在组织支持感、心理资本、传统性以及周边绩效是否有显著性差异。本小节将就控制变量对结果变量的影响做出简单描述，其目的是为了发现高等院校教职工的心理资本和周边绩效，这样做将为以后章节中自变量对因变量的结果分析打下基础。

一、个人统计学因素对心理资本、周边绩效和传统性的影响

为考察不同性别、婚姻、最高学历、年龄以及不同岗位的高等院校教职工在组织支持感、心理资本、传统性以及周边绩效的水平上有无差异，进行了独立样本T检验和单因素方差分析，分析结果见表4-5、表4-6、表4-7以及表4-8。

1.个人统计学因素对心理资本、传统性和周边绩效的影响。结合高等院校教职工的个人统计学因素，由表4-5可以看出，女性和男性在心理资本上没有显著差异，只是在自信心这个维度上显著高于女性，而在其他维度上没有什么差异。高等院校教职工在已婚和未婚以及从事岗位是否是教学和教辅在心理资本以及心理资本的各个维度都不存在任何显著差异。高等院校教职工的心理资本在四个年龄段上出现显著性差异，同时在自我克制维度上，46岁以上的员工显著高于小于25岁的员工，由于前文对自我克制的解释是接近于情绪智力，可能随着年龄的增长，人们在控制自己冲动情绪上也不断增加。教职工学历

续表

因子		自信心	乐观	希望	自强和坚韧	自我克制	心理资本
Mean	大专	3.731	3.056	3.756	3.905	2.778	3.644
	本科	3.741	3.117	3.728	3.787	2.939	3.623
	硕士	3.654	3.166	3.547	3.606	2.890	3.500
	博士	3.811	3.256	3.668	3.669	2.831	3.596
F 值		2.082	0.573	3.555	4.143	0.608	3.280
Sig		0.101	0.633	0.014	0.006	0.610	0.020
差异项				2>3	2>3		2>3
Mean	25 岁以下	3.725	3.338	3.645	3.657	2.725	3.559
	26~35 岁	3.717	3.203	3.615	3.685	2.879	3.561
	36~45 岁	3.649	3.132	3.603	3.622	2.885	3.514
	46 岁以上	3.819	2.917	3.750	3.770	3.076	3.636
F 值		1.106	1.864	0.815	0.914	4.146	0.994
Sig		0.346	0.134	0.486	0.434	0.006	0.008
差异项						4>1	
Mean	4 年以下	3.7628	3.1800	3.6547	3.7095	2.7683	3.5797
	5~10 年	3.6552	3.1891	3.5569	3.6362	2.9219	3.5172
	11~15 年	3.6520	3.2143	3.7253	3.6421	3.0769	3.5734
	16~20 年	3.8132	2.9310	3.7172	3.7611	3.0172	3.6223
	21 年以上	3.7179	3.1346	3.5962	3.6813	2.9327	3.5507
F 值		1.3590	1.5160	0.7790	0.7250	3.1300	0.8350
Sig		0.2460	0.1960	0.5390	0.5760	0.0140	0.5030
差异项						4>1, 2>1, 3>1, 4>1, 5>1	

说明：表中差异项是指采用 LSD 或 Tamhane 对均值进行多重比较中有显著性差异的选项，1>2 则表明 1 项显著大于 2 项，其余同理。研究显著性检验水平均取为 P<0.05。其他表格均与此相同，不再另作说明。

由表 4-6 可以看出，女性和男性在周边绩效这个构念上存在显著差异，只且在周边绩效的两个维度上也存在着显著差异，表中显示都是女性教职工显著高于男性教职工。高等院校教职工在已婚和未婚以及从事岗位是否是教学和教辅在周边绩效以及周边绩效的各个维度都不存在任何显著差异。高等院校教职工的周边绩效在四个年龄段上都出现显著性差异，多重比较后显示 46 岁以上的员工、36~45 岁以及 26~35 岁的教职工显著高于小于 25 岁的教职工。教职工学历对其周边绩效没有出现显著性影响。而且教职工的工作年限在周边绩效没有显著差异。

这说明高等院校教职工的性别、岗位、婚否，在心理资本上没有显著区别，这个结果与 Luthans（2005）对中国中西部两个国营企业和民营企业所调查的结果比较接近，所不同的是后者做出的调查性别在自信心方面没有显著的差别，二本研究则提出男性在自信心方面显著高于女性，这可能与班杜拉提出的生理影响自信心有紧密的联系，班杜拉（1997）提出人们的心理状态、生理健康与自信心的联系虽没有那么直接，但是他们会影响自信心。教职工不同的学历在心理资本、希望和自强与坚韧上表现出来不同的心理资本，特别是拥有本科学历的教职工明显高于拥有硕士学位的教职工，这可能和样本选取上有关系，本研究在样本选取上主要是由同学和朋友帮助进行发放，相对来说大都是刚毕业的硕士研究生，在高等院校中很多都是职业生涯初期，而拥有本科学历的教职工大都处于职业生涯中期或者中后期，Luthans（2002）提出心理资本是一个动态资源，它能够随着时间的推移而增加，特别是自强和坚韧与希望的开发需要建立一个积极和友善的社会关系网。

由表4-6可以看出，女性和男性在传统性这上面存在显著差异，表中显示是男性教职工显著高于女性教职工。高等院校教职工已婚和未婚在传统性上存在着显著差异，表现为已婚教职工显著高于未婚教职工。从事岗位是否是教学和教辅在传统性上存在显著差异，其中表现为教辅岗位的教职工在传统性上显著高于教学岗位教职工。高等院校教职工的传统性在四个年龄段上都出现显著性差异，多重比较后显示46岁以上的员工显著高于36~45岁教职工、26~35岁的教职工和小于25岁的教职工。教职工学历以及工作年限对其传统性都没有出现显著性影响。

这表明性别、岗位、婚否以及年龄这些因素都在传统性上产生了显著影响，由于传统性是指在中国传统文化的影响下，个人所具有的固定认知态度与常见行为模式。林语堂（1935）中指出中国传统文化指的是强烈的家庭观念、男女有别、长幼有序以及超脱老滑，这种在传统性上的差别可能与上述中国传统文化有关。而在周边绩效上，除了性别上有显著差别外，其他因素都没有差异。这个结果与Farh（2004）对中国北京、上海和深圳三地研究结果几乎相同，只是在性别对周边绩效的影响稍有不同，这可能与高等院校女性教职工选取样本有关。

表 4-6 不同个人统计学因素下高等院校教职工周边绩效和传统性 T 检验和方差检验表

因子		人际与组织认同	工作奉献因子	周边绩效	传统性
Mean	男性	4.096	4.044	4.074	2.955
	女性	4.196	4.188	4.193	2.798
t 值		2.145	2.854	2.571	3.418
Sig		0.032	0.004	0.010	0.001
Mean	教辅岗位	4.181	4.124	4.157	2.979
	教学岗位	4.141	4.126	4.134	2.819
t 值		0.798	0.032	0.477	3.193
Sig		0.425	0.975	0.655	0.001
Mean	未婚	4.105	4.050	4.082	2.839
	已婚	4.166	4.146	4.158	2.963
t 值		1.096	1.599	1.379	2.369
Sig		0.273	0.110	0.168	0.018
Mean	大专	4.200	4.187	4.194	3.019
	本科	4.197	4.157	4.180	2.924
	硕士	4.104	4.104	4.104	2.836
	博士	4.215	4.128	4.178	2.843
F 值		1.583	0.321	0.917	1.253
Sig		0.192	0.810	0.431	0.290
差异项					
Mean	25 岁以下	4.100	3.570	4.054	2.861
	26~35 岁	4.125	3.098	4.125	2.838
	36~45 岁	4.172	3.186	4.144	2.873
	46 岁以上	4.320	3.384	4.292	3.196
F 值		1.968	1.291	1.597	3.695
Sig		0.117	0.276	0.289	0.012
差异项					4>1，4>2，4>3
Mean	4 年以下	4.164	4.126	4.148	2.862
	5~10 年	4.102	4.075	4.090	2.872
	11~15 年	4.215	4.202	4.210	2.852
	16~20 年	4.218	4.234	4.225	2.925
	21 年以上	4.219	4.175	4.200	2.817
F 值		0.968	1.045	1.072	0.208
Sig		0.424	0.383	0.369	0.934
差异项					

二、不同性质高校对心理资本、传统性和周边绩效的影响

在考察不同办学层次或者不同性质的高校中,教职工在心理资本、传统性以及周边绩效上有无差异,本研究对其做单因素方差分析,分析结果显示见表4-7、4-8。

由表4-7可以看出,985或者211高校、一般本科院校以及高职高专的教职工在心理资本以及自信心维度上显著高于民办高校或者独立学院的教职工。在自我克制和乐观两个维度上高校性质影响不显著。多重比较后显示,在希望维度上,985或者211高校、一般本科院校以及高职高专的教职工显著高于民办高校或者独立学院的教职工,同时985或者211高校的教职工显著高于高职高专的教职工,高职高专的教职工则显著高于一般本科。在希望维度上,985或者211高校与高职高专的教职工显著高于民办高校的教职工。

由表4-8可以看出,高校性质在周边绩效以及周边绩效的两个维度上有显著差异。多重比较后发现,985或者211高校、一般本科院校以及高职高专的教职工在人际与组织认同和工作奉献两个维度上显著高于民办高校或者独立学院的教职工。而在周边绩效这个因变量上,则表现为985或者211高校的教职工显著高于民办高校和一般本科院校的教职工,而且高职高专的教职工同样也显著高于民办高校和一般本科院校的教职工。

表 4-7 不同性质高校变量下教职工的心理资本方差检验表

因子		自信心	乐观	希望	自强和坚韧	自我克制	心理资本
Mean	985 或 211 高校	3.722	3.158	3.738	3.718	2.823	3.591
	民办高校	3.454	3.292	3.433	3.495	2.720	3.381
	高职高专	3.782	3.101	3.705	3.766	2.929	3.620
	一般本科	3.728	3.174	3.567	3.650	2.951	3.546
F 值		4.369	0.581	5.124	3.370	2.296	4.292
Sig		0.005	0.621	0.002	0.018	0.076	0.005
差异项		1>2, 3>2, 4>2		1>2, 3>2, 4>2, 1>3, 3>4	1>2, 3>2,		1>2, 3>2, 4>2

由表 4-8 可以看出，高校性质在传统性上有显著差异，多重比较后显示，985 或者 211 高校、一般本科院校以及高职高专的教职工在传统性上显著高于民办高校或者独立学院的教职工。

表 4-8 不同性质高校变量下教职工的周边绩效和传统性方差检验表

因子		人际与组织认同	工作奉献因子	周边绩效	传统性
Mean	985 或 211 高校	4.2099	4.1544	4.1864	2.9250
	民办高校	3.8352	3.8252	3.8320	2.7358
	高职高专	4.2258	4.1802	4.2065	2.9742
	一般本科	4.1596	4.1523	4.1565	2.8120
F 值		7.7810	5.5830	0.7830	4.0160
Sig		0.0000	0.0010	0.0000	0.0080
差异项		1>2, 3>2, 3>2, 4>2,	1>2, 3>2, 3>2, 4>2,	1>2, 1>4, 3>2, 3>4,	1>2, 3>2, 3>2, 4>2,

这表明样本中教职工从事工作的高校性质对心理资本、传

统性以及周边绩效上都有显著差异。对于心理资本以及心理资本的五个维度,只有在乐观和自我克制两个维度没有显著差别,这可能与Seligman(1998)认为乐观是一种人格特质,虽然心理资本应该状态类的个体特征,但是乐观的传统特点与其标准大相径庭,也就意味着乐观在个体中表现的相对来说比较稳定;对于自我克制维度,则有可能是符合巴昂(1997)提到情绪智力应该是从人格特质角度来考察,也即自我克制维度在个体中表现相对比较稳定。

对于周边绩效来说,都表现为公立院校要显著高于独立或者是民办高校,这可能与公立院校的教职工对组织的归属感和组织认同[①]较强有关联。985和211高校教职工在周边绩效行为也显著高于其他高校,这也有可能很大程度上归因于此类高校教职工组织认同感更强。

第三节 心理资本对组织支持感与周边绩效的中介作用

一、组织支持感对人际与组织认同的影响

表4-9是组织支持感对周边绩效的回归分析。文中采取

[①] 王彦斌《管理中的组织认同》(2004)中提出在中国,国有企业员工与其他组织相比来说有更强烈的组织认同感。

逐步回归和层级回归的方法来验证假设 1a（组织员工感知到的组织支持程度和人际与组织认同正相关），以人际与组织认同为因变量，依次引入控制变量和自变量。由表 4-9 可以得知，进入模型的组织支持感对人际与组织认同有显著正向（β = 0.373***）。当控制变量和自变量组织支持感全部进入模型 23-2 以后，组织支持感仍旧通过显著性检验，这说明组织支持感对人际与组织认同有着独立而直接的积极影响，因此我们可以看出假设 1a 得到了证明。

表 4-9 自变量"组织支持感"与因变量"人际与组织认同"的回归分析结果

变量	因变量：人际与组织认同	
	模型 23-1	模型 23-2
控制变量		
性别	0.083*	0.086*
年龄	0.112*	0.074
工作年限	-0.039	-0.016
婚姻状况	0.014	0.056
最高学历	0.012	0.034
管理职位	-0.050	-0.034
高校性质	-0.022	-0.037
组织支持感		0.373***
F	1.848*	16.075***
R^2	0.016	0.136
$\triangle R^2$	0.016*	0.120***

（*$p < 0.05$ 双边检验 **$p < 0.01$ 双边检验 ***$p < 0.001$ 双边检验）

二、心理资本各维度组织支持感和人际与组织认同的中介作用

1. 自信心对组织支持感和人际与组织认同的中介作用

为了检验假设 3a-Ⅱ（自信心对组织支持感和人际与组织认同具有中介作用）以及检验命题 2（组织中员工感觉到组织支持程度越高，员工的心理资本就越高），我们首先以心理资本为因变量，采取层级回归的方法，依次引入控制变量和自变量。由表 4-10，我们看到进入回归方程的自变量有两类：工作支持感知的三个维度工作支持、员工价值认同和关注员工利益以及工作支持感知。在加入工作支持感知的三个维度工作支持、员工价值认同和关注员工利益以后，模型 24-2 的解释力显著增加（$\triangle R2 = 0.207^{***}$），回归结果显示，工作支持、员工价值认同、关注员工利益都对心理资本具有显著正向影响（$\beta 1 = 0.287^{***}$，$\beta 2 = 0.190^{***}$），可见对命题 2 的三个假设得到了验证。同理在加入组织支持感以后，模型 24-3-2 的解释力显著增加（$\triangle R2 = 0.201^{***}$），回归结果显示，组织支持感对心理资本具有显著正向影响（$\beta = 0.459^{***}$）。

表 4-10　因变量为"心理资本"的回归分析结果

变量	因变量：心理资本			
	模型 24-1	模型 24-2	模型 24-3-1	模型 24-3-2
控制变量				
性别	-0.011	-0.009	-0.011	-0.007
年龄	0.032	-0.017	0.032	-0.015

续表

变量	因变量：心理资本			
	模型 24-1	模型 24-2	模型 24-3-1	模型 24-3-2
工作年限	-0.005	0.004	-0.005	0.006
婚姻状况	-0.036	0.012	-0.036	0.012
最高学历	-0.023	0.010	-0.023	0.007
管理职位	-0.048	-0.030	-0.048	-0.032
高校性质	0.001	0.020	0.001	0.018
工作支持		0.287***		
员工价值认同		0.190***		
关注员工利益		0.341***		
组织支持感				0.459***
F	0.621	73.347***	0.621	211.854***
R2	0.005	0.212	0.005	0.206
△R2	0.005	0.207***	0.005	0.201

(*p＜0.05 双边检验　**p＜0.01 双边检验　***p＜0.001 双边检验)

文中以人际与组织认同为因变量，采取层级回归的方法，依次引入控制变量、自变量和中介变量自信心，建立模型 25-1～模型 25-3，见表 4-11。在引入组织支持感和自信心以后，模型 25-2 和模型 25-3 的解释力都有了显著增加（$\triangle R2_2 = 0.134^{***}$，$\triangle R2_3 = 0.190^*$），其中组织支持感（$\beta = 0.372^{***}$）对人际与组织认同具有显著正影响。在引入自信心以后，模型 25-3 的解释力显著增强（$\triangle R2 = 0.190^{**}$），自信心对在人际与组织认同具有显著正向影响（$\beta = 0.472^{**}$），其中，由于检验中在模型 25-3 中的 t 检验都是显著的，所以自信心在对组织支持感和人际与组织认同是部分中介效应，中介效应占总效应的比例为 0.359×0.472/0.372＝45.6％，因此假设 3a-Ⅱ得到了验证。

表 4–11 引入中介变量"自信心"对"人际与组织认同"的回归分析结果

变量	因变量：人际与组织认同		
	模型 25-1	模型 25-2	模型 25-3
控制变量			
性别	0.083*	0.086*	0.120*
年龄	0.112*	0.073	0.075
工作年限	-0.039	-0.031	-0.027
婚姻状况	0.014	0.054	0.051
最高学历	0.012	0.036	0.010
管理职位	-0.050	-0.037	-0.021
高校性质	0.022	0.036	0.011
组织支持感		0.372***	0.197***
自信心			0.472***
F	1.848	129.629***	234.477***
R2	0.016	0.151	0.342
△R2	0.016	0.134**	0.190***

（*$p < 0.05$ 双边检验 **$p < 0.01$ 双边检验 ***$p < 0.001$ 双边检验）

2. 希望程度对组织支持感和人际与组织认同的中介作用

接下来我们继续检验假设 3b-Ⅱ（希望程度对组织支持感和人际与组织认同的中介作用分析），文中采取层级回归方法，依次引入控制变量和自变量。在加入组织支持感这个自变量以后，模型 26-2 的解释力显著增加（△R2 = 0.191***），同时回归结果中组织支持感对希望具有显著正向影响（β = 0.442***）。因此，检验希望是组织支持感和人际与组织认同中介变量的条件也得到了支持。

表 4-12　因变量为"希望"的回归分析结果

变量	因变量: 希望	
	模型 26-1	模型 26-2
控制变量		
性别	-0.002	0.002
年龄	0.058	0.012
工作年限	-0.021	-0.011
婚姻状况	-0.033	0.014
最高学历	-0.050	-0.021
管理职位	-0.019	-0.003
高校性质	-0.068	-0.052
组织支持感		0.442***
F	1.237*	124.759***
R2	0.011	0.202
△R2	0.011	0.191***

（*$p < 0.05$ 双边检验 **$p < 0.01$ 双边检验 ***$p < 0.001$ 双边检验）

文中以人际与组织认同为因变量，采取层级回归的方法，依次引入控制变量、自变量和中介变量希望，建立模型 27-1~模型 27-3，见表 4-13。在引入组织支持感和希望以后，模型 27-2 和模型 27-3 的解释力都有了显著增加（△$R2_2 = 0.134^{***}$，△$R2_3 = 0.165^{***}$），其中组织支持感（$\beta = 0.372^{***}$）对人际与组织认同具有显著正影响。在引入希望以后，模型 27-3 的解释力显著增强（△$R2 = 0.165^{***}$），希望对在人际与组织认同具有显著正向影响（$\beta = 0.455^{***}$），其中，由于检验中在模型 27-3 中的 t 检验都是显著的，所以希望在对组织支持感和人际与组织认同是部分中介效应，中介效应占总效应的比例为 $0.442 \times 0.455 / 0.372 = 54.1\%$，因此假设 3b-Ⅱ得到了验证。

表4-13 引入中介变量"希望"对"人际与
组织认同"的回归分析结果

变量	因变量: 人际与组织认同		
	模型 27-1	模型 27-2	模型 27-3
控制变量			
性别	0.083*	0.086*	0.085*
年龄	0.112*	0.073	0.068
工作年限	-0.039	-0.031	-0.026
婚姻状况	0.014	0.054	0.047
最高学历	0.012	0.036	0.046
管理职位	-0.050	-0.037	-0.035
高校性质	0.022	0.036	0.059
组织支持感		0.372***	0.171***
希望			0.455***
F	1.848	129.629***	196.074***
R2	0.016	0.151	0.316
△R2	0.016	0.134**	0.165***

(*p＜0.05 双边检验 **p＜0.01 双边检验 ***p＜0.001 双边检验)

3.乐观程度对组织支持感和人际与组织认同的中介作用

接下来我们继续检验假设3c-Ⅱ(乐观程度对组织支持感和人际与组织认同的中介作用分析),文中采取层级回归方法,依次引入控制变量和自变量。在加入组织支持感这个自变量以后,模型28-2的解释力没有产生显著增加($\triangle R2 = 0.02$),同时回归结果中组织支持感对乐观也没有产生显著正向影响($\beta = 0.043$)。

表4-14 因变量为"乐观"的回归分析结果

变量	因变量：乐观	
	模型28-1	模型28-2
控制变量		
性别	0.070	0.070
年龄	-0.110	-0.106
工作年限	0.056	0.055
婚姻状况	0.017	0.013
最高学历	0.065	0.062
管理职位	-0.040	-0.042
高校性质	0.007	0.005
组织支持感		0.043
F	1.853	1.495
R^2	0.016	0.018
△R^2	0.016	0.002

（$^*p < 0.05$ 双边检验 $^{**}p < 0.01$ 双边检验 $^{***}p < 0.001$ 双边检验）

文中以人际与组织认同为因变量，采取层级回归的方法，依次引入控制变量、自变量和中介变量乐观，建立模型29-1~模型29-3，见表4-15。在引入组织支持感和乐观以后，模型29-2的解释力有了显著增加（△$R2_2 = 0.134^{**}$），而模型29-3的解释力没有显著增加（△$R2_3 = 0.004$），其中组织支持感（$β = 0.372^{***}$）对人际与组织认同具有显著正影响。在引入乐观以后，模型29-3的解释力显著增强（△$R^2 = 0.004$），乐观对在人际与组织认同没有显著正向影响（$β = 0.063$），因此假设3c-Ⅱ没有得到验证。

表4-15 引入中介变量"乐观"对"人际与
组织认同"的回归分析结果

变量	因变量：人际与组织认同		
	模型29-1	模型29-2	模型29-3
控制变量			
性别	0.083*	0.086*	0.082
年龄	0.112*	0.073	0.080
工作年限	-0.039	-0.031	-0.034
婚姻状况	0.014	0.054	0.053
最高学历	0.012	0.036	0.032
管理职位	-0.050	-0.037	-0.034
高校性质	0.022	0.036	0.036
组织支持感		0.372***	0.375
乐观			0.063
F	1.848	129.629***	1.940
R2	0.016	0.151	0.155
△R2	0.016	0.134**	0.004

（*$p < 0.05$ 双边检验 **$p < 0.01$ 双边检验 ***$p < 0.001$ 双边检验）

4. 自强和坚韧对组织支持感和人际与组织认同的中介作用

接下来我们继续检验假设3d-Ⅱ（自强和坚韧程度对组织支持感和人际与组织认同的中介作用分析），文中采取层级回归方法，依次引入控制变量和自变量。在加入组织支持感这个自变量以后，模型30-2的解释力显著增加（△R2 = 0.169***），同时回归结果中组织支持感对自强和坚韧具有显著正向影响（β = 0.416***）。因此，检验自强和坚韧是组织支持感和人际与组织认同中介变量的条件也得到了支持。

表 4-16 因变量为"自强和坚韧"的回归分析结果

变量	因变量：自强和坚韧	
	模型 30-1	模型 30-2
控制变量		
性别	-0.003	0.001
年龄	0.048	0.005
工作年限	-0.028	-0.019
婚姻状况	-0.046	-0.002
最高学历	-0.074	-0.047
管理职位	-0.042	-0.027
高校性质	-0.012	0.003
组织支持感		0.416***
F	1.429*	22.448***
R2	0.012	0.181
△R2	0.012	0.169***

（*$p < 0.05$ 双边检验 **$p < 0.01$ 双边检验 ***$p < 0.001$ 双边检验）

文中以人际与组织认同为因变量，采取层级回归的方法，依次引入控制变量、自变量和中介变量自强和坚韧，建立模型 31-1 ～模型 31-3，见表 4-17。在引入组织支持感与自强和坚韧以后，模型 31-2 和模型 31-3 的解释力都有了显著增加（△$R2_2 = 0.134^{**}$，△$R2_3 = 0.232^{***}$），其中组织支持感（$β = 0.372^{***}$）对人际与组织认同具有显著正影响。在引入自强和坚韧以后，模型 31-3 的解释力显著增强（△$R2 = 0.232^{***}$），自强和坚韧对在人际与组织认同具有显著正向影响（$β = 0.532^{***}$），其中，由于检验中在模型 31-3 中的 t 检验都是显著的，所以自强和坚韧在对组织支持感和人际与组织认同是部分中介效应，中介效应占总效应的比例为 0.416 × 0.532/ 0.372 =59.5

%，因此假设 3d-Ⅱ得到了验证。

表 4–17 引入中介变量"自强和坚韧"对"人际与组织认同"的回归分析结果

变量	因变量：人际与组织认同		
	模型 31-1	模型 31-2	模型 31-3
控制变量			
性别	0.083*	0.086*	0.085
年龄	0.112*	0.073	0.070
工作年限	-0.039	-0.031	-0.021
婚姻状况	0.014	0.054	0.055
最高学历	0.012	0.036	0.061
管理职位	-0.050	-0.037	-0.022
高校性质	0.022	0.036	0.034
组织支持感		0.372***	0.151***
自强和坚韧			0.532***
F	1.848	129.629***	304.809***
R2	0.016	0.151	0.383
△R2	0.016	0.134**	0.232***

（*$p < 0.05$ 双边检验 **$p < 0.01$ 双边检验 ***$p < 0.001$ 双边检验）

5. 自我克制对组织支持感和人际与组织认同的中介作用

接下来我们继续检验假设 3e-Ⅱ（自我克制程度对组织支持感和人际与组织认同的中介作用分析），文中采取层级回归方法，依次引入控制变量和自变量。在加入组织支持感这个自变量以后，模型 32-2 的解释力显著增加（△R2 = 0.019***），同时回归结果中组织支持感对自我克制具有显著正向影响（$\beta = 0.142^{***}$）。

表 4-18 因变量为"自我克制"的回归分析结果

变量	因变量：自强和坚韧	
	模型 32-1	模型 32-2
控制变量		
性别	0.037	0.039
年龄	0.006	-0.009
工作年限	0.076	0.079
婚姻状况	0.026	0.041
最高学历	-0.010	-0.001
管理职位	-0.005	0.000
高校性质	0.071	0.076
组织支持感		0.142***
F	1.237	16.517***
R2	0.016	0.035
△R2	0.016	0.019***

（*$p < 0.05$ 双边检验 **$p < 0.01$ 双边检验 ***$p < 0.001$ 双边检验）

文中以人际与组织认同为因变量，采取层级回归的方法，依次引入控制变量、自变量和中介变量自信心，建立模型 33-1~模型 33-3，见表 4-19。在引入组织支持感和自我克制以后，模型 33-2 解释力有了显著增加（△R22 = 0.134**）但是模型 33-3 的解释力没有显著增加（△R23 = 0.002），其中组织支持感（β = 0.372***）对人际与组织认同具有显著正影响。在引入自我克制以后，模型 33-3 的解释力没有显著增强（△R2 = 0.002），自我克制对在人际与组织认同没有产生显著正向影响（β = -0.038），因此假设 3e-Ⅱ得到了验证。

表 4-19 引入中介变量"自我克制"对"人际与
组织认同"的回归分析结果

变量	因变量：人际与组织认同		
	模型 33-1	模型 33-2	模型 33-3
控制变量			
性别	0.083*	0.086*	0.087
年龄	0.112*	0.073	0.073
工作年限	-0.039	-0.031	-0.028
婚姻状况	0.014	0.054	0.055
最高学历	0.012	0.036	0.036
管理职位	-0.050	-0.037	-0.037
高校性质	0.022	0.036	0.039
组织支持感		0.372***	0.3777
自我克制			-0.038
F	1.848	129.629***	1.343
R2	0.016	0.151	0.153
△R2	0.016	0.134**	0.002

（*$p<0.05$ 双边检验 **$p<0.01$ 双边检验 ***$p<0.001$ 双边检验）

三、组织支持感对工作奉献的影响

表 4-20 是组织支持感对周边绩效的回归分析。文中采取逐步回归和层级回归的方法来验证假设 1a（组织员工感知到的组织支持程度和工作奉献正相关），以工作奉献为因变量，依次引入控制变量和自变量。由表 4-20 可以得知，进入模型的组织支持感对工作奉献有显著正向（$\beta = 0.320^{***}$）。当控制变量和自变量组织支持感全部进入模型 34-2 以后，组织支持感仍旧通过显著性检验，这说明组织支持感对工作奉献有

着独立而直接的积极影响，因此我们可以看出假设 1a 得到了证明。

表 4-20 自变量"组织支持感"与因变量"工作奉献"的回归分析结果

变量	因变量：工作奉献	
	模型 34-1	模型 34-2
控制变量		
性别	0.103**	0.106**
年龄	0.039	0.005
工作年限	0.000	0.007
婚姻状况	0.041	0.075
最高学历	-0.010	0.011
管理职位	-0.015	-0.004
高校性质	0.036	0.047
组织支持感		0.320***
F	1.848	13.318***
R2	0.016	0.116
△R2	0.016	0.100***

（*$p<0.05$ 双边检验 **$p<0.01$ 双边检验 ***$p<0.001$ 双边检验）

四、心理资本各维度对组织支持感和工作奉献的中介作用

1. 自信心对组织支持感和工作奉献的中介作用

我们继续检验假设 3a-Ⅰ（自信心程度对组织支持感和工作奉献的中介作用分析），文中采取层级回归方法，依次引入控制变量和自变量。在加入组织支持感这个自变量以后，模型 35-2 的解释力有显著增加（$\triangle R2 = 0.0135^{***}$），同时回归结

果中组织支持感对自信心产生显著正向影响（$\beta = 0.371^{***}$）。因此，检验自信心是组织支持感和工作奉献的中介变量的条件也得到了支持。

表4-21 因变量为"自信心"的回归分析结果

变量	因变量：自信心	
	模型35-1	模型35-2
控制变量		
性别	-0.076*	-0.073
年龄	0.035	-0.004
工作年限	-0.015	-0.007
婚姻状况	-0.033	0.006
最高学历	0.032	0.056
管理职位	-0.046	-0.033
高校性质	0.040	0.054
组织支持感		0.371***
F	1.286	17.316***
R2	0.011	0.146
△R2	0.016	0.0135***

（*p＜0.05 双边检验　**p＜0.01 双边检验　***p＜0.001 双边检验）

文中以工作奉献为因变量，采取层级回归的方法，依次引入控制变量、自变量和中介变量自信心，建立模型36-1~模型36-3，见表4-22。在引入组织支持感和自信心以后，模型36-2和36-3的解释力都有了显著增加（$\triangle R22 = 0.110^{***}$，$\triangle R23 = 0.168^{***}$）。在引入自信心以后，模型36-3的解释力显著增强（$\triangle R2 = 0.168^{***}$），自信心对在工作奉献没有显著正向影响（$\beta = 0.437^{***}$），其中，由于检验中在模型36-3中的t检验都是显著的,所以希望在对组织支持感和工作奉献是部分中介效应,中介效应占总效应的比例为 0.437 × 0.371/ 0.320=50.7%,因此假设3a-Ⅰ得到了验证。

表4-22 引入中介变量"自信心"对"工作奉献"的回归分析结果

变量	因变量: 工作奉献		
	模型 36-1	模型 36-2	模型 36-3
控制变量			
性别	0.103**	0.106**	0.138**
年龄	0.039	0.005	0.007
工作年限	0.000	0.007	0.010
婚姻状况	0.041	0.075	0.072
最高学历	-0.010	0.011	-0.013
管理职位	-0.015	-0.004	0.011
高校性质	0.036	0.047	0.024
组织支持感		0.320***	0.158***
自信心			0.437***
F	1.848	13.318***	34.951***
R2	0.016	0.116	0.279
△R2	0.016	0.110***	0.168***

(*p＜0.05 双边检验 **p＜0.01 双边检验 ***p＜0.001 双边检验)

2. 希望程度对组织支持感和工作奉献的中介作用

文中以工作奉献为因变量,采取层级回归的方法,依次引入控制变量、自变量和中介变量希望,建立模型37-1~模型37-3,见表4-23。在引入组织支持感和希望以后,模型37-2和模型37-3的解释力都有了显著增加($\triangle R2_2 = 0.100^{**}$,$\triangle R2_3 = 0.170^{***}$),其中组织支持感($\beta = 0.320^{***}$)对工作奉献具有显著正影响。在引入希望以后，模型37-3的解释力显著增强（$\triangle R2 = 0.170^{***}$），希望对在工作奉献具有显著正向影响（$\beta = 0.462^{***}$），其中，由于检验中在模型37-3中的t检验都是显著的，所以希望在对组织支持感和工作奉献是部分中介效应，中介效应占总效应的比例为 $0.442 \times 0.462/0.320 = 54.1\%$，因此假设3b-Ⅰ得到了验证。

表4-23 引入中介变量"希望"对"工作奉献"的回归分析结果

变量	因变量：工作奉献		
	模型37-1	模型37-2	模型37-3
控制变量			
性别	0.103	0.106	0.105
年龄	0.039	0.005	0.000
工作年限	0.000	0.007	0.012
婚姻状况	0.041	0.075	0.069
最高学历	-0.010	0.011	0.021
管理职位	-0.015	-0.004	-0.002
高校性质	0.036	0.047	0.071
组织支持感		0.320***	0.116***
希望			0.462***
F	1.848*	13.318***	36.105***
R2	0.016	0.116	0.286
△R2	0.016***	0.100**	0.170***

（*p＜0.05 双边检验 **p＜0.01 双边检验 ***p＜0.001 双边检验）

3. 乐观程度对组织支持感和工作奉献的中介作用

文中以工作奉献为因变量，采取层级回归的方法，依次引入控制变量、自变量和中介变量乐观，建立模型38-1~模型

38-3，见表 4-24。在引入组织支持感和乐观以后，模型 38-2 的解释力有了显著增加（$\triangle R2_2 = 0.100^{***}$），而模型 38-3 的解释力没有显著增加（$\triangle R2_3 = 0.004$），其中组织支持感（$\beta = 0.320^{***}$）对工作奉献具有显著正影响。在引入乐观以后，模型 38-3 的解释力没有显著增强（$\triangle R2 = 0.004$），乐观对在工作奉献没有显著正向影响（$\beta = 0.052$），因此假设 3c-Ⅰ没有得到验证。

表 4-24 引入中介变量"乐观"对"工作奉献"的回归分析结果

变量	因变量：工作奉献		
	模型 38-1	模型 38-2	模型 38-3
控制变量			
性别	0.103**	0.106	0.103
年龄	0.039	0.005	0.011
工作年限	0.000	0.007	0.004
婚姻状况	0.041	0.075	0.075
最高学历	-0.010	0.011	0.008
管理职位	-0.015	-0.004	-0.002
高校性质	0.036	0.047	0.047
组织支持感		0.320***	0.323***
乐观			0.052
F	1.848*	129.629***	1.940
R2	0.016	0.116	0.119
△R2	0.016***	0.100***	0.004

（*$p < 0.05$ 双边检验　**$p < 0.01$ 双边检验　***$p < 0.001$ 双边检验）

4. 自强和坚韧对组织支持感和工作奉献的中介作用

文中以工作奉献为因变量，采取层级回归的方法，依次引入控制变量、自变量和中介变量自强和坚韧，建立模型 39-1~模型 39-3，见表 4-25。在引入组织支持感与自强和坚韧以后，模型 39-2 和模型 39-3 的解释力都有了显著增加（$\triangle R2_2 = 0.100^{**}$，$\triangle R2_3 = 0.199^{***}$），其中组织支持感（$\beta = 0.320^{***}$）对工作奉献具有显著正影响。在引入自强和坚韧以后，模型 39-3 的解释力显著增强（$\triangle R2 = 0.199^{***}$），自强和坚韧对在工作奉献具有显著正向影响（$\beta = 0.493^{***}$），其中，由于检验中在模型 39-3 中的 t 检验都是显著的，所以自强和坚韧在对组织支持感和工作奉献是部分中介效应，中介效应占总效应的比例为 $0.416 \times 0.493/0.320=64.1\%$，因此假设 3d-Ⅰ得到了验证。

表 4–25 引入中介变量"自强和坚韧"对"工作奉献"的回归分析结果

变量	因变量：工作奉献		
	模型 39-1	模型 39-2	模型 39-3
控制变量			
性别	0.103**	0.106	0.106
年龄	0.039	0.005	0.003
工作年限	0.000	0.007	0.016
婚姻状况	0.041	0.075	0.076
最高学历	-0.010	0.011	0.034
管理职位	-0.015	-0.004	0.009
高校性质	0.036	0.047	0.046
组织支持感		0.320***	0.115***
自强和坚韧			0.493***
F	1.848	13.318***	41.472***
R2	0.016	0.116	0.315
△ R2	0.016	0.100**	0.199***

（*$p < 0.05$ 双边检验　**$p < 0.01$ 双边检验　***$p < 0.001$ 双边检验）

5. 自我克制对组织支持感和工作奉献的中介作用

文中以工作奉献为因变量,采取层级回归的方法,依次引入控制变量、自变量和中介变量自我克制,建立模型 40-1~模型 40-3,见表 4-26。在引入组织支持感和自我克制以后,模型 40-2 解释力有了显著增加($\triangle R2_2 = 0.100^{**}$)和模型 40-3 的解释力没有显著增加($\triangle R2_3 = 0.000$),其中组织支持感($\beta = 0.372^{***}$)对工作奉献具有显著正影响。在引入自我克制以后,模型 40-3 的解释力没有显著增强($\triangle R2 = 0.000$),自我克制对在工作奉献没有产生显著正向影响($\beta = -0.014$),因此假设 3e-Ⅰ没有得到验证。

表 4-26 引入中介变量"自我克制"对"工作奉献"的回归分析结果

变量	因变量:工作奉献		
	模型 40-1	模型 40-2	模型 40-3
控制变量			
性别	0.083*	0.086*	0.107
年龄	0.112*	0.073	0.005
工作年限	-0.039	-0.031	0.008
婚姻状况	0.014	0.054	0.076
最高学历	0.012	0.036	0.011
管理职位	-0.050	-0.037	-0.004
高校性质	0.022	0.036	0.048
组织支持感		0.372***	0.322***
自我克制			-0.014
F	1.848	129.629***	1.343
R2	0.016	0.116	0.153
△R2	0.016	0.100**	0.000

(*$p < 0.05$ 双边检验 **$p < 0.01$ 双边检验 ***$p < 0.001$ 双边检验)

五、心理资本对组织支持感和周边绩效的中介作用

我们继续检验命题3（心理资本对组织支持感和周边绩效的中介作用分析），文中采取层级回归方法，依次引入控制变量和自变量。在加入组织支持感这个自变量以后，模型41-2的解释力有显著增加（$\triangle R2 = 0.206^{***}$），同时回归结果中组织支持感对心理资本产生显著正向影响（$\beta = 0.459^{***}$）。因此，检验心理资本是组织支持感和工作奉献中介变量的条件也得到了支持。

表4-27 因变量为"心理资本"的回归分析结果

变量	因变量：心理资本	
	模型41-1	模型41-2
控制变量		
性别	-0.011	-0.007
年龄	0.032	-0.015
工作年限	-0.005	0.006
婚姻状况	-0.036	0.012
最高学历	-0.023	0.007
管理职位	-0.048	-0.032
高校性质	0.001	0.018
组织支持感		0.459^{***}
F	0.621	27.166^{***}
R2	0.005	0.211
△R2	0.005	0.206^{***}

（$^{*}p < 0.05$ 双边检验 $^{**}p < 0.01$ 双边检验 $^{***}p < 0.001$ 双边检验）

文中以工作奉献为因变量，采取层级回归的方法，依

次引入控制变量、自变量和中介变量心理资本,建立模型42-1~模型42-3,见表4-28。在引入组织支持感和心理资本以后,模型42-2和42-3的解释力都有了显著增加($\triangle R2_2 = 0.130^{***}$,$\triangle R2_3 = 0.266^{***}$)。在引入心理资本以后,模型42-3的解释力显著增强($\triangle R2 = 0.266^{***}$),心理资本对在周边绩效产生了显著正向影响($\beta = 0.581^{***}$),其中,由于检验中在模型42-3中的t检验都是显著的,所以心理资本在对组织支持感和工作奉献是部分中介效应,中介效应占总效应的比例为0.459×0.581/0.365=73.1%,因此命题3得到了验证。

表4-28 引入中介变量"心理资本"对"周边绩效"的回归分析结果

变量	因变量:周边绩效		
	模型42-1	模型42-2	模型42-3
控制变量			
性别	0.096**	0.099**	0.103**
年龄	0.083	0.045	0.054
工作年限	-0.023	-0.015	-0.018
婚姻状况	0.027	0.066	0.059
最高学历	0.003	0.026	0.022
管理职位	-0.036	-0.023	-0.004
高校性质	0.029	0.043	0.032
组织支持感		0.365***	0.098***
心理资本			0.581***
F	1.852	17.300***	63.236***
R2	0.016	0.146	0.412
△R2	0.016	0.130***	0.266***

($^*p < 0.05$ 双边检验 $^{**}p < 0.01$ 双边检验 $^{***}p < 0.001$ 双边检验)

第四节 传统性对组织支持感与周边绩效的调节作用

文中以周边绩效为因变量，采取层级回归的方法，依次引入控制变量、自变量和调节变量，以及自变量和调节变量的交互项，建立模型43-1~模型43-3，见表4-29。在引入组织支持感和传统性以及两者的交互项以后，模型43-2和43-3的解0.008***。其中，交互项对在周边绩效产生了显著正向影响

表4-29 引入调节变量"传统性"对"周边绩效"的回归分析结果

变量	因变量：周边绩效		
	模型43-1	模型43-2	模型43-3
控制变量			
性别	0.096	0.111	0.110
年龄	0.083	0.052	0.053
工作年限	-0.023	-0.021	-0.029
婚姻状况	0.027	0.069	0.072
最高学历	0.003	0.027	0.023
管理职位	-0.036	-0.016	-0.011
高校性质	0.029	0.046	0.045
组织支持感		0.336***	0.340***
传统性		0.100***	0.104***
组织支持感*传统性			0.098***
F	1.852	16.463***	15.894***
R2	0.016	0.154	0.164
△R2	0.016	0.136***	0.008***

（*$p < 0.05$ 双边检验　**$p < 0.01$ 双边检验　***$p < 0.001$ 双边检验）

解释力都有了显著增加（$\triangle R22 = 0.136^{***}$，$\triangle R23 = 0.008^{***}$，$\beta = 0.098^{***}$），在 43-3 模型中交互项的回归系数显著（$t = 4.344$，$R2$ 的变化约为 8%），所以传统性的调节效应显著，因此命题 5 也得到了验证，也即相对低传统性的员工而言，高传统性的员工感知到组织支持与周边绩效之间的正向向关系更强。

第五节 研究结果的分析与讨论

一、对心理资本的中介作用

研究结果基本上支持了作者提出的理论假设模型。组织支持感对周边绩效具有直接正向影响，同时还通过心理资本的中介效应对周边绩效产生影响。研究结果表明，员工感知到的组织支持感越强，员工的心理资本能相应提高；员工感知到的组织支持感越强，员工的周边绩效行为就越能体现；员工的心理资本越高，员工就越能表现出更多的周边绩效行为。对于组织支持感的三个维度来说，在组织中表现为：组织越关注员工的自身利益，越认同员工的自身价值，那么就越能提高员工的心理资本，这样就能提高组织中人力资源的竞争优势，进而提升员工主动保护组织、提出具有建设性的改善建议、为应付额外工作所产生的自我培训、营造有利于组织的气候与环境、与同事协调合作的工作行为能力,这非常符合(Katz & Kahn,1966)[①]的观点。

对于心理资本的中介作用,在研究不仅发现心理资本对于组织支持感与周边绩效之间关系存在中介作用,而且还进一步指出心理资本的五个维度所发挥的中介作用也不尽相同。首先,自强和坚韧的中介作用最大最显著,它对组织支持感与周边绩效以及周边绩效的两个构成维度(人际与组织认同和工作奉献)都具有中介作用。

其次是希望的中介作用,紧接着是自信心的中介作用,它们都对组织支持感与周边绩效以及周边绩效的两个构成维度(人际与组织认同和工作奉献)具有明显的中介作用。

第三,中介作用不显著的的是自我克制和乐观,它们都对组织支持感与周边绩效以及周边绩效的两个构成维度(人际与组织认同和工作奉献)没有产生明显的中介作用。

这表明在高等院校教职工随着心理资本在组织支持感和周边绩效行为中间作用机制得以验证,说明当高等院校的教职工感知到的组织支持越多,那么就可能进一步提升教职工在工作中的积极心理和情绪,也即员工的希望、自信心、自强和坚韧、自我克制以及乐观程度都会有所提升,拥有希望,那么克服困难的动力就会越强;拥有自信可以把希望、乐观运用到某一特定的生活领域中,这就意味着员工拥有较高的积极情绪,拥有

---

① Katz, D., & R. L. Kahn, 1966. The Social Psychology of Organizations, New York: Wiley.

积极情绪的人们会倾向于为自己设定较高难度的目标,以及接受较高难度的挑战,进而提高自己的周边绩效。再者从归因理论来看,积极情绪的人们倾向于将失败归因于外在环境的影响,他们更能积极地投身于自己的工作,因此我们一般认为心理资本的提高是对组织中人力资源的投资。第四,由于正式化的形式只能使员工表现出工作职责内的行为,若要使员工产生职责外的行为管理者最好应该设置一些奖励措施,从而关注员工自身价值的实现。对于高等院校教职工,他们比较关注自己的学术能力是否被认可和尊重,自己的能力是否被尊重,高等学校科研支持环境如何,如果高等院校尊重教职工的能力,关注教职工的自身价值以及良好的科研支持环境,那么教职工会履行自己职责外的行为、友善的支持与关怀、对组织的信任和承诺,也能增进员工对组织的工作奉献。

对于在本研究中,自我克制和乐观维度并没有对工作奉献有显著的作用,对于自我克制维度来说,这可能和选取的样本有关,在本研究中研究对象是高等院校教职工,相对来说其学历以及求学时间都相对比较长,经历过求学中的种种不愉快从而本身自我克制能力比较强,同时中国社会中一个重要并且普遍流行的概念就是"忍",从忍的心理机制来看,克制和坚心是个体面对内在外在冲突的因应机制,克制是不做想做而不应做的行为,坚心则是强化个体的毅力,坚持应做的行为。对于乐观维度来说,这可能是由于乐观不仅仅是指预期未来会发生积极事情的心理倾向,更重要的是乐观取决于我们对事情的解释和归因。也就是说，不管是积极的抑或是消极的，是过去的还是未来的，乐观取决于当事情发生时，我们是如何去解释和归因。

本节心理资本的中介效应也验证了 Rhoades and Eisenberger（2002）所提出的假设，在现今组织环境变迁迅速的时代，组织与员工之间的关系愈发受到重视（Chen et al., 2005），高等院校与教职工的关系也同样重要，组织支持感与周边绩效的研究普遍被过去研究所证实（Rhoades & Eisenberger, 2002），因而需要更多的研究来探讨这中间的机制（Armeli etaI., 1998）。Rhoades and Eisenberger 曾经针对组织支持感的相关文献做理论整合与归纳，认为组织支持感之所以与许多行为绩效（e.g, 角色外行为，周边绩效）等有显著的相关性，其中间机制可能是通过互惠机制与满足社会情绪需求，也即当员工感知到高度的组织支持时，将引发他们回报组织的意愿，因而表现为积极的周边绩效行为，同时高度的组织支持感满足员工在社会认可和情感支持方面的需求，对员工在心理上产生积极的影响，通过心理上的积极影响，从而对行为绩效产生正面的影响。

二、传统性对组织支持感与周边绩效关系的调节作用

对于传统性的调节作用，在研究中发现传统性对于组织支持感与周边绩效之间的关系存在调节作用，结果显示相对低传统性的员工而言，高传统性的员工感知到的组织支持与周边绩

效之间的正向向关系更强。其中调节作用示意图如图4-1所示，其意义在于高传统性教职工"感知到高等院校对自己的工作、价值观或者是工作贡献上的支持（组织支持感），那么自己就应该想方设法主动为自己所处的高等院校做出自己角色没能要求的行为，比如主动加班，提出建设性建议，自主提高自己的业务能力（周边绩效）。"以上逻辑所包含的是传统文化"互惠"情结在高等院校教职工行为中的延续。

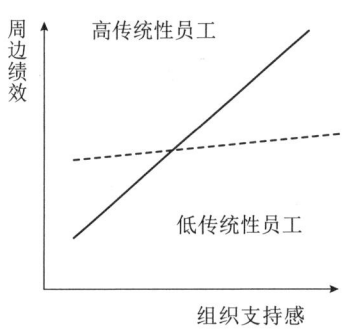

图4-1 传统性对组织支持感与周边绩效关系的调节作用示意图

本章小结

本章详细描述了研究数据的具体收集过程：来自于国内四十余所高校，涉及湖北、河南、河北、内蒙古、黑龙江、吉林、辽宁、新疆维吾尔自治区、广西壮族自治区、重庆、四川、江苏、安徽、福建、北京、天津、湖南、山东、广东，18个省、直辖市和自治区，其中高校涉及985与211高校，一般本科，高职高专与民办和独立院校等。以网上填写问卷、邮寄问卷以及现场发放问卷三种方式共发放问卷892份（邮寄问卷600份，网上问卷190份，现场回收102份），经过一份一份进行检查筛选，剔除受污染的问卷（主要剔除没有回答或者漏答，以及题项之间有矛盾或者所有选项都选一个数字）以后，共回收有效问卷821份（邮寄回收541份，网上问卷182份，现场回收98份），问卷回收率达92.03%。其中现场回收有效问卷率最高，网上回收率次之，最差的是邮寄回收率。

  本章第二节总体结论：（1）自变量组织支持感对心理资本以及周边绩效是显著正相关，组织支持感的三个维度对周边绩效和心理资本也呈现显著正相关。（2）心理资本与周边绩效总体来说是正相关的关系，除了乐观和自我克制与周边绩效的正相关性不显著之外。对样本做了比较分析，主要是分析样本中性别、婚姻、年龄、岗位、高校性质、最高学历等在心理资本、传统性以及周边绩效上是否有显著性差异：结合高等院校教职工的个人统计学因素，性别、婚姻、岗位、年龄、工作年限这些因素在心理资本上都没呈现显著差异，只有学历在心理资本上有显著差异；性别、婚姻、岗位、年龄这些因素在心理资本上都没呈现显著差异，只有学历在心理资本上有显著差异；除了性别在周边绩效上产生显著差异外，婚姻、岗位、年龄、学历、工作年限都没有在周边绩效上产生差异；性别、岗位、婚姻、年龄在传统性上有显著差异；教职工从事工作的高校性质在心理资本、传统性以及周边绩效上都有显著差异。

本章第三节和四节主要研究组织支持感对周边绩效作用时中介和调节关系，结果表明组织支持感和心理资本都对周边绩效行为有着直接影响，而且心理资本在组织支持感和周边绩效行为作用过程中存在中介作用。

第五章 研究结论及其启示

结合前文的详细分析和研究基础上,本章将研究得出的结果加以归纳、推广与总结,得出结论,并试图结合相关理论来解释并发现社会问题背后的深层原因。并由对管理实践提出具体建议和启示。希望能够帮助高等院校的教职工进一步提高他们在工作过程中的积极的心理状态,从而进一步提高教职工工作中的周边绩效。教职工在高校这个特殊组织中所感知到的支持和周边绩效之间的互动过程是如何由心理资本衔接起来。高等院校属于社会中不可或缺的组织,组织一般来说被认为是充满了情感的环境:组织中成员的情感和感情是以特质与状态的形式存在,与工作态度、行为、绩效以及认知活动等交织在一起相互发生影响;领导者的行为和组织氛围,工作特征以及工作中事件都会引发工作者的情绪性和感情反应,进而影响到组织的工作气氛、工作绩效、组织公民行为,从而提高相关的人力资源竞争优势。

第一节 研究结论与探讨

一、研究结论

本研究通过对组织支持感与心理资本、周边绩效以及传统性之间关系的研究，从而得出了关于这四者关系有显著影响的结论。基于互惠准则和社会交换理论对组织支持感与周边绩效之间关系的模式进行检验。研究发现，组织支持感知对心理资本和周边绩效有显著的正向影响，心理资本对组织支持感和周边绩效有显著的中介作用。传统性对组织支持感和周边绩效有显著的调节作用，相对低传统性的员工而言，高传统性的员工感知到组织支持与周边绩效之间的正向向关系更强。

（一）组织支持感、心理资本、周边绩效以及传统性四个变量的验证与测算

本研究在组织支持感理论文献分析基础上，在西方组织支持感理论的提出者 Eisenberger 认为国外情景下，结合凌文辁教授（2006）、Eisenberger 等（2002）的研究，证实了高等院校教职工的组织支持感由工作支持、员工价值认同和关注员工利益三个维度构成。

对心理资本构成维度的研究是本文中的一个重点，由于以往国内外研究样本和本次研究样本的差异比较大，因此对心理

资本维度构成研究是通过文献追踪、小范围访谈、开放式问卷、预测试、探索性以及验证性因子分析研究，得出高等院校教职工心理资本由 5 个维度组成：希望、乐观、自我克制、自强和坚韧以及自信，特别是结合开放式问卷提出了符合中国高等院校教职工新的心理资本问卷。

表 5-1 假设验证情况表

假设集	假设编号	假　　设	验证情况
H1：组织中员工感觉到组织支持程度越高，员工周边绩效就越高。	H1-a	组织员工感知到的组织支持程度和人际与组织认同正相关。	支持
	H1-b	组织员工感知到的组织支持程度与工作奉献行为正相关。	支持
H2：组织中员工感觉到组织支持程度越高，员工的心理资本就越高。	H2-a	组织对员工的工作越支持，员工的心理资本就越高。	支持
	H2-b	组织越关注员工利益，员工的心理资本就越高。	支持
	H2-c	组织越认同员工的价值，员工的心理资本就越高。	支持
H4：员工的传统性在员工感知到的组织支持程度和员工周边绩效之间起调节作用。	H4-a	相对低传统性的员工而言，高传统性的员工感知到组织支持与周边绩效之间的正向向关系更强。	支持
H3：员工的心理资本在员工感知到的组织支持程度和员工周边绩效之间起中介作用。	H3a-Ⅰ	员工的自信心对组织支持感和工作奉献的关系有中介作用。	支持
	H3a-Ⅱ	员工的自信心对组织支持感和人际与组织认同的关系有中介作用。	支持

续表

假设集	假设编号	假　　设	验证情况
	H3b-Ⅰ	员工的希望程度对组织支持感和工作奉献的关系有中介作用。	支持
	H3b-Ⅱ	员工的希望程度对组织支持感和人际与组织认同的关系有中介作用。	支持
	H3c-Ⅰ	员工的乐观对组织支持感和工作奉献的关系有中介作用。	不支持
	H3c-Ⅱ	员工的乐观对组织支持感和人际与组织认同的关系有中介作用。	不支持
	H53d-Ⅰ	员工的自强和坚韧对组织支持感和工作奉献的关系有中介作用。	支持
	H63d-Ⅱ	员工的自强和坚韧对组织支持感和人际与组织认同的关系有中介作用	支持
	H3e-Ⅰ	员工的自我克制对组织支持感和工作奉献的关系有中介作用。	不支持
	H3e-Ⅱ	员工的自我克制对组织支持感和人际与组织认同的关系有中介作用。	支持

结合陈亮教授的 26 个题项量表，对本研究中 821 个样本进行主成分分析的探索性分析和验证性分析后最终保留组织支持感的 26 个项目。在探索性分析中将 26 个题项重新提取因子，得到两因子模型对因子进行命名，得到工作奉献因子和人际与

组织认同因子。

对高等院校教职工传统性的测量沿用了 Farh 等（1997）所开发的测量量表，具体包含 6 个题项。部分题项包括："人们发生争端时，必须请领导决定谁是正确一方"；"孩子们必须尊重他们父母尊重的人"等，依据单因子模型对其进行验证性因素分析的各项拟合优度较好。

（二）组织支持感对周边绩效的影响

就组织支持感和周边绩效间的关系而言，除了关注员工利益对组织公民行为不显著外，其余两个工作支持和员工价值认同都对周边绩效有显著的正向影响。依 Blau（1964）所提出的社会交换理论来看，当员工认为与组织是属于社会交换的关系时，会以互惠的角度来做出有利于组织的行为。然而在本研究的实证结果却发现，高等院校对教职工利益这个维度过于关注，并不能使员工做出有利于组织的行为，而对教职工进行工作上的支持以及对员工价值上的认同，则能激发教职工做出利于组织行为。对于这样的研究结果，类似于凌文辁教授（2006）提出只有工作支持因子对周边绩效有显著的正向影响。这种推论可能第一，在于本研究的样本是高等院校这种特殊的组织，人员素质相对较高，高等院校教职工更看重的是自身价值的实现以及组织对自己工作的支持。第二，在研究过程中，发现高等院校教职工对自己组织的归属感还是比较强的，在本研究中的一个离职倾向调查中，有 89.2% 的教职工对"我曾考虑有一天我可能会离开本组织"题项选择了"我非常不同意",同时教师这个特殊职业总是以"学高为师,德高为范"来自励,这样就造就了关注员工利益这个因子并不能对周边绩效造成显著的正向影响。

另外,按照社会交换理论来看,代表组织的主管人员尊重下属,爱护支持下属的工作,都能使下属感受到这种社会性报偿,才能使下属自由运用公民行为或者有利于组织的行为到组织中。换句话说,代表组织的主管人员,提供下属在工作中所需的支援和协助,并对工作成果给予适当的报酬,那么员工就会表现出对工作的热忱,并且贡献自己的能力回报组织,这一理论在本研究得以证实。

（三）组织支持感对心理资本的影响

就组织支持感和心理资本之间的关系而言,关注员工利益、工作支持和员工价值认同都对心理资本有显著的正向影响,可以根据"诱因 牺牲"理论（Barnard, 1938；March & Simon, 1958）[①]对此进行解释,该理论认为员工与组织的关系从本质看是一种交换,而交换时的状态可以直接影响到员工的态度。同时依据 Weiss 和 Cronpanzano（1996）提出的情感事件理论中解释工作场所中员工情感的结构、前因与后果,他们认为：对一些具体事件的评判性评价经常被周围的情景和价值观所影

---

① C Barnard (1938). The Functions ofthe Executive - Harvard University Press, Cambridge, MA JG March, HA Simon (1958). Organization - Wiley New York.

响。但是这些因素都不一定涉及情绪的爆发。而且积极和消极的情绪诸如愤怒和自豪有实质上不同的前因和后果，以至于工作中积极和消极的情绪反应是弱相关的。所有这些结论都暗含：如果说工作幸福感涵盖了工作中所有的积极和消极的情绪的话，那么肯定就有些信息丢失了。员工的工作行为可区分为情绪驱动型和态度驱动型。情绪驱动型直接由情绪和态度体验触发，中间没有经历任何中介变量。态度驱动型则是员工在工作环境中经历某个事件后，紧接着对情感事件进行认知性评估，然后再经过深思熟虑后而采取的行动。这说明即组织支持感是员工在组织中对某个具体事件的反映，包括组织是否关注自己利益，帮助自身价值的实现以及组织对员工工作的支持都能使员工产生积极的心理状态。本研究基本上也证实了 Cropanzano and Wright（2001）的一个研究结果，他们认为，对于一个组织，与其说选择一个具有积极心情状态（i, e., positive affectivity, or positive mood），不如去创造一个令员工心情愉悦的环境（i.e.,员工感知到较高的组织支持），则比较能提高员工心情，他们还建议，未来的研究要从这个角度去探讨提高组织中员工积极的心理状态，本研究的结果也正好发现了员工感知到的组织支持可以正面地影响员工的心理资本，因此也呼应了上述他们的建议。

（四）心理资本对组织支持感与周边绩效关系的中介作用

本研究运用温忠麟（2004）提出的中介效应检验方法，就高等院校教职工的心理资本对组织支持感与周边绩效之间的中介效应进行了检验，结果发现员工的心理资本在员工感知到的组织支持程度和员工周边绩效之间起部分中介作用。具体到各变量维度之间的关系，首先，先对心理资本对组织支持感与人际和组织认同的中介作用分析，结果发现只有员工的乐观和自我克制对组织支持感和人际与组织认同的关系没有显著的中介作用，其余三个维度都产生了显著的中介作用，其中自强和坚韧维度的中介作用不仅很显著，而且相对较大。其次对心理资本对组织支持感与工作奉献的中介作用分析，结果发现只有员工的乐观和自我克制对组织支持感和工作奉献的关系没有显著的中介作用，其余三个维度都产生了显著的中介作用，其中自强和坚韧维度的中介作用不仅很显著，而且相对最大。

（五）传统性对组织支持感与周边绩效关系的调节作用

本研究运用温忠麟（2004）提出的调节效应检验方法，就高等院校教职工的传统性高低对组织支持感与周边绩效之间的调节效应进行了检验。结果表明，相对低传统性的员工而言，高传统性的员工感知到的组织支持与周边绩效之间的正向向关系更强。这一来说明传统性和组织支持感交互影响组织中员工的周边绩效行为，二来说明在高等院校这个特殊组织中，结合人口统计变量来看男性教职工显著高于女性教职工；高等院校教职工在传统性上表现为已婚教职工显著高于未婚教职工；教辅岗位的教职工在传统性上显著高于教学岗位教职工；高等院校教职工的传统性在四个年龄段上都出现显著性差异，多重比较后显示46岁以上的员工显著高于36~45岁、26~35岁的教职工以及小于25岁的教职工，这也就意味着，男性、教辅岗位以及年龄稍长的员工所感知到的组织支持与周边绩效之间的正向向关系要比女性、教学岗位以及年龄较低的员工更强。

（六）控制变量对各变量的影响

通过对控制变量和各变量之间进行单因素方差分析，结合高等院校教职工的个人统计学因素发现，性别、婚姻、岗位、年龄、工作年限这些因素在心理资本上都没呈现显著差异，只有学历在心理资本上有显著差异；性别、婚姻、岗位，年龄这些因素在心理资本上都没呈现显著差异，只有学历在心理资本上有显著差异，高等院校教职工的性别、岗位、婚否，在心理资本上没有显著区别，这个结果与Luthans（2005）对中国中西部两个国营企业和民营企业所调查的结果比较接近，所不同的是后者做出的调查性别在自信心方面没有显著的差别，二本研究则提出男性在自信心方面显著高于女性，这可能与班杜拉提出的生理影响自信心有紧密的联系，班杜拉（1997）提出人们的心理状态、生理健康与自信心的联系虽没有那么直接，但是他们会影响自信心。教职工不同的学历在心理资本、希望和自强与坚韧上表现出来不同的心理资本，特别是拥有本科学历的教职工明显高于拥有硕士学位的教职工，这可能和样本选取上有关系，本研究在样本选取上主要是由同学和朋友帮助进行发放，相对来说大都是刚毕业的硕士研究生，在高等院校中很多都是职业生涯初期，而拥有本科学历的教职工大都处于职业生涯中期或者中后期，Luthans（2002）提出心理资本是一个动态资源，它能够随着时间的推移而增加，特别是自强和坚韧与希望的开发需要建立一个积极和友善的社会关系网。

性别、岗位、婚否以及年龄这些因素都在传统性上产生了显著影响，由于传统性是指在中国传统文化的影响下，个人所具有的固定认知态度与常见行为模式。林语堂（1935）中指出中国传统文化指的是强烈的家庭观念，男女有别，长幼有序以及超脱老滑，这种在传统性上的差别可能与上述传统文化有关。而在周边绩效上，除了性别上有显著差别外，其他因素都没有差异。这个结果与 Farh（2004）对中国北京、上海和深圳三地研究结果几乎相同，只是在性别对周边绩效的影响稍有不同，这可能与高等院校女性教职工选取样本有关。

除了性别在周边绩效上产生显著差异外，婚姻、岗位、年龄、学历、工作年限都没有在周边绩效上产生差异；性别、岗位、婚姻、年龄在传统性上有显著差异；教职工从事工作的高校性质在心理资本、传统性以及周边绩效上都有显著差异。教职工从事工作的高校性质对心理资本、传统性以及周边绩效上都有显著差异。对于心理资本以及心理资本五个维度，只有在乐观和自我克制两个维度没有显著差别，这可能与 Seligman（1998）认为乐观是一种人格特质有关联，虽然心理资本应该状态类的个体特征，但是乐观的传统特点与其标准大相径庭，也就意味着乐观在个体中表现的相对来说比较稳定;对于自我克制维度,则有可能是符合巴昂(1997)提到情绪智力应该是从人格特质角度来考察,也即自我克制维度在个体中表现相对比较稳定。对于周边绩效来说,都表现为公立院校要显著高于独立或者是民办高校,这可能与公立院校的教职工对组织的归属感和组织认同较强有关联。985和211高校教职工在周边绩效行为也显著高于其他高校,这也有可能很大程度上归因于此类高校教职工组织认同感更强。

二、研究结论的探讨

本文将心理资本纳入情感事件理论模型,目的在于探讨组织支持感、心理资本与周边绩效这种行为之间的复杂互动关系。研究中通过文献追踪和文献分析构建了关于组织支持感、心理资本与周边绩效三者之间的理论假设模型,同时选择全国18个省份40余所高等院校接近900个教职工作为研究对象,研究表明组织支持感和心理资本都对周边绩效行为有着直接影响,而且心理资本在组织支持感和周边绩效行为作用过程中存在中介作用。

(一)研究结果基本上支持了作者提出的理论假设模型

组织支持感对周边绩效具有直接正向影响,同时还通过心理资本的中介效应对周边绩效产生影响。研究结果表明,高等院校教职工感知到的组织支持感越强,其心理资本也就相应提高；教职工感知到的组织支持感越强，其周边绩效行为就越能体现；员工的心理资本越高，那么员工就越能表现出更多的周边绩效行为。对于组织支持感的三个维度来说，在高等院校中就表现为组织越关注员工的自身利益，越认同员工的自身价值，那么就越能提高教职工的心理资本，这样就能提高组织中人力资源的竞争优势，进而就能提升员工主动保护组织和组织资产、提出具有建设性的改善建议、为应付额外工作所产生的自我培训、营造有利于组织的气候与环境、与同事协调合作的工作行为能力，这非常符合（Katz & Kahn，1966）[①]的观点。

对于心理资本的中介作用，在研究不仅发现心理资本对于组织支持感与周边绩效之间关系存在中介作用，而且还进一步指出心理资本的五个维度所发挥的中介作用也不尽相同。首先，自强和坚韧的中介作用最大最显著，它对组织支持感与周边绩效以及周边绩效的两个构成维度（人际与组织认同和工作奉献）都具有中介作用。其次是希望的中介作用，紧接着是自信心的中介作用，它们都对组织支持感与周边绩效以及周边绩效的两个构成维度（人际与组织认同和工作奉献）具有明显的中介作用。第三，中介作用不显著的是自我克制和乐观，它们都对组织支持感与周边绩效以及周边绩效的两个构成维度（人际与组织认同和工作奉献）没有产生明显的中介作用。

---

① Katz, D., & R. L. Kahn, 1966. The Social Psychology of Organizations, New York: Wiley.

（二）针对中国情境的特殊结论与意料之外的结果。

意料之外的结果自我克制对组织支持感与周边绩效没有产生明显的中介作用。对于自我克制，其来源于压力这个词，研究者在20世纪40年代已经出现（Turk, Meeks & Turk, 1982）。其被定义：当教职工遇到的问题超越了他们的能力，同时威胁到他们的福利时存在不高兴和消极的情绪（Kyriacou, 1980[①]；Kyriacou & Sutcliffe, 1978[②]；Lazarus, 1974[③]）。高等院校教职工面临着各种各样的情绪工作，比如：情绪失调（在工作中感觉到愤怒或者不愉快时鉴于自己的角色还要表现出幸福），这种凭意志压抑而表现出来的积极情绪和对自己感情连续自我控制是要求极高的（Brotheridge and Lee, 2003[④]）。这种凭意志控制的情绪大量消耗了工作能量，随之而来就是情绪低落，工作绩效和工作奉献减少（Baumeister et al., 1998[⑤]）。而在本研究中，自我克制并没有对工作奉献有显著的作用，这可能和选

[①] Kyriacou, C. (1980). Sources of stress among British teachers: The contribution of job factors and personality factors. In C. L. Cooper & J. Marshall (Eds.), White collar and professional stress. New York: Wiley.

[②] Kyriacou, C., & Sutcliffe, J. (1978a). A model of teacher stress. Educational Studies, 4, 1-6.

[③] Lazarus, R. S. (1974). Psychological stress and coping in adaptation and illness. International Journal of Psychiatry in Medicine, 5, 321-333.

[④] Brotheridge, C. M. and R. T. Lee (2003). "Development and validation of the emotional labour scale", Journal of Occupational and Organizational Psychology, 76, pp. 365-379.

[⑤] Baumeister, R. F., E. Bratslavsky, M. Muraven and D. M. Tice (1998). "Ego depletion: Is the active self a limited resource?" Journal of Personality and Social Psychology, 74, pp. 1252-1265.

取的样本有关，在本研究中研究对象是高等院校教职工，相对来说其学历以及求学时间都相对比较长，经历过求学中的种种不愉快从而本身自我克制能力比较强，同时中国社会中一个重要并且普遍流行的概念就是"忍"，从忍的心理机制来看，克制和坚心是个体面对内在外在冲突的因应机制，克制是不做想做而不应作的行为，坚心则是强化个体的毅力，坚持应做的行为（杨国枢，1992[①]）。事实上，在面对环境限制时，忍这种面对冲突的方式，都是忽视个人的内在需求，牺牲个人的利益或福祉，而以服从社会规范，屈从环境限制以及成全他人为依归，试图不让冲突表面化，公开化，因此严格说来，忍是中国人消解冲突的一种方式。对于高等院校教职工来说，他们本身是受人尊重的，同时又以公众形象出现，这样可以说明高等院校教职工本身就有非常强的自我克制能力。

第二个意料之外的结果是乐观的中介作用的特殊性。对组织支持感与结果变量周边绩效以及周边绩效的两个维度（人际与组织认同和工作奉献）的中介作用都很显著的是自信心、自强和坚韧以及希望，乐观的中介作用也不明显。组织支持感对乐观有显著的积极作用，而乐观却对周边绩效没有产生正向的积极作用。这可能是由于乐观不仅仅是指预期未来会发生积极事情的心理倾向，更重要的是乐观取决于我们对事情的解释和归因。也就是说，不管是积极的抑或是消

[①] 杨国枢.1992.华人本土心理学[M].重庆.重庆大学出版社：p604.

极的，是过去的还是未来的，乐观取决于当事情发生时，我们是如何去解释和归因。同时，斯奈德（2001）认为，乐观是特质类的特征，也是状态类的特征，因而乐观是相对稳定的，后天比较难以开发。

第二节　创新与启示

本研究印证了对人力资源管理的研究并非仅仅对人们直觉的演绎，而是通过客观、规范的方式发掘现象与现象之间本质的联系。

一、理论创新

本文通过从互动视角分析了心理资本对组织支持感、周边绩效的中介作用，同时分析了传统性对组织支持感和周边绩效的调节交互作用，从而揭示了组织支持感与周边绩效之间产生作用的具体过程。本研究对现有研究的理论贡献表现在以下三个方面：

第一，提出高等院校教职工的心理资本内容应该涵盖5个维度，即希望、乐观、自我克制、自强和坚韧以及自信心。对比 Luthans（2002）以及惠青山（2009）的研究存在着一个显著的差别，也即自我克制维度的提出。Luthans 在早期对心理资本的研究中就提出，开发组织中员工的心理资本量表时所选样本是基于营利性组织，对非营利性组织中员工的量表开发是今后需要研究的内容。高等院校教职工属于特殊的群体，在中国文化背景下高等院校所属性质归属为非营利性组织，同时教职工服务的客体是学生，面对的群体是人，这方面接近于服务行业。高等院校中教职工是以教学育人和科研为主，其中教学育人又占了相当大的比例，而学校对教职工的绩效评估来自于学生和直接领导，学生和领导的评估会不可避免地带有不客观的评价。学生和领导的不客观评价所带来的负面情绪必须凭意志进行克制。因此对教职工来说，积极的组织行为就需要自我克制这个因子，也即当工作中愉快或者不愉快的事情发生，特指后者，能否凭意志控制自己的情绪。主要包括在工作中面临消极评价时控制自我感情和状态、生活中情绪和工作中的情绪能否相互克制。这个因子与惠青山提出的冷静因子有所不同，后者侧重于在工作中要以平常心对待，而前者则需凭意志克制情绪。自我克制因子接近于 Danial Goleman（1995）的情绪智力中的管理自己情绪。

第二，深化和拓展了高校教职工的组织支持感解释周边绩效现象中间作用机制。目前研究结果大都证实了组织支持感对周边绩效行为的影响，但是对其中间机制研究相对缺乏，本文考虑心理资本这一积极情感因素，将其纳入情感事件理论分析的框架，综合考虑高校教职工组织支持感、心理资本如何对周边绩效同时发挥作用。本研究选择的研究对象是高等院校教职工这一高素质的事业单位（非营利组织）就业群体，他们的行为绩效在很大程度上代表了我国事业单位未来组织和员工之间作用关系发展的方向，因而本研究的现实意义较大。本文的结果表明组织支持感直接作用于周边绩效，又通过心理资本中介过程对周边绩效施加影响。本研究为组织支持感、心理资本与周边绩效的整合模型，结合中国高等院校为情境做了较大规模的经验检验，因此对组织支持感、周边绩效的相关文献进行了拓展，支持并深化了情感事件理论。同时也验证了Rhoades and Eisenberger（2002）所提出的假设，他们曾经针对组织支持感的相关文献做理论整合与归纳，认为组织支持感之所以与许多行为绩效（e.g, 角色外行为，周边绩效）等有显著的相关性，其中间机制可能是通过互惠机制与满足社会情绪需求，也即当员工感知到高度的组织支持时，将引发他们回报组织的意愿，因而表现为积极的周边绩效行为，同时高度的组织支持感满足员工在社会认可和情感支持方面的需求，对员工在心理上产生积极的影响，通过心理上的积极影响，从而对行为绩效产生正面的影响。在当今职场环境变迁迅速的时代，组织与员工之间的关系愈发受到重视（Chen et al., 2005）[1]，组织支持感与周边绩效的研究普遍被过去研究所证实（Rhoades & Eisenberger, 2002），因而需要更多的研究来探讨这中间的机制

---

[1] Chen, Z. X., S. Aryee, and C. Lee, 2005. Test of a mediation model of perceived organizational support Journal of Vocational Beltavior, 66, 457-470.

(Armeli etaI., 1998)[①]，本研究结果正好弥补此空缺。

第三，提出了传统性这一个体特征对组织支持感和周边绩效行为权变作用的影响。结合不同特点的员工，解释了传统性在组织支持感对周边绩效调节效应关系的存在，探讨了组织内部社会交换的增值规律和减值规律。相对于低传统性的员工而言，高传统性的员工感知到的组织支持与周边绩效之间的正向向关系更强。

总之，本研究为组织支持感对周边绩效的整合提供了一个中国事业单位背景下的经验模型，对组织支持感理论的相关文献进行了拓展，结合 Weiss and Cropanzano（1996）提出的情感事件理论，解释了为何员工的情感会影响到员工的行为和绩效。按照该理论的说法，员工工作上所处的环境变量（组织支持感），会影响到员工在工作时的情感和情绪（心理资本）的提高，进而影响到员工对（情感驱动行为）（affect-driven behavior）的表现（周边绩效行为），因此本研究丰富并深化了情感事件理论。

二、实践启示

本研究通过结合组织支持感和心理资本，来探讨对周边绩效的影响，为组织特别是非营利组织员工积极情感情绪的提高、

---

① Armeli, S., R. Eisenberger, P. Fasolo, and P. Lynch, 1998. Perceived organizational support and police performance: The moderating influence of socioemotional needs. Journal of AppliedPsychology, 83, 288-297.

组织员工角色外行为的增加从而增加组织绩效，为进一步增加人力资源优势提供了具有一定参考价值的信息。

（一）对于组织员工积极情感情绪的提高的启示

组织支持理论也提出可认知到的组织支持的隐藏结果的心理程序。首先，基于互惠标准，可认知到的组织支持应该产生可感知的义务关注组织的福利和帮助组织达到他的目的。第二，可认知到的组织支持所赋予关心、认可的含义应该可以满足社会情感需要，使员工具体表现为组织一员和将其行为社会化。第三，可认知到的组织支持应该增强员工信念，即组织认可和奖励增加的绩效（尤其绩效奖励期望），这些程序应该对雇员（增加的工作幸福和提高的积极情绪）和组织（增加的情感承诺和绩效，减少离职率）都有有利的产出。组织支持理论吸引人的特征表现在它提供了清晰的，容易的可检验的预测，这些预测关于组织支持感的前因变量和结果变量。我们检验了这些研究，这些研究考虑到了可感知的组织支持的先验假设和结果假设，同时我们也对隐藏在这些关系下的作用机制做了详尽研究。在本研究中组织支持感的三个维度工作支持、员工价值认同和关注员工利益都对心理资本具有显著正向影响，同时随着员工对组织支持感的增加，员工的心理资本也随着提高。因此在组织中互惠行为会显著地影响到雇员和组织的关系，进而影响员工积极的情感情绪。相对于西方社会，所谓互惠或者是"报"的观念已经深深植根于华人社会中，在华人社会传统的人情关系中，施与受之间有着极其微妙的回报关系，施者讲究的是不求报以表圣人之德，但是受者必须在受到恩惠后在未来某一时间予以回报。因此在交换的过程中个体通过培养一种与别人的友好关系时，使得对方更有理由相信他不会逃避他在双方关系中的义务。在组织内部和内部之间的社会交换中，强调这一原则就意味着组织不能单方面从自己利益考虑过分强调员工的奉献和组织自己的索取，而应该创造良好的工作条件让员工从组织中有所收获，在这一前提之下寻求组织的利益最大化。

（二）对于组织员工周边绩效行为的增加的启示

由于组织支持感对周边绩效行为有着直接的积极影响，同时高等院校教职工心理资本的提高对周边绩效也有直接的积极影响。因此，要提高教职工的周边绩效行为就应该从两个方面进行关注。第一，让组织中员工能切身感受到来自于组织方方面面的支持（比如对组织中员工物质生活要做到保障、要感知到被组织认可并受到尊重、在自己的工作中做出成绩而实现自我）时，这样员工会受到鼓舞和激励，从而在工作中就会感觉到自己被组织认同，从而积极地、自愿地做不属于自己职责范围内的行为。第二，在组织中员工的心理资本的提高，说明员工的希望、自信心、自强和坚韧、自我克制以及乐观程度都会有所提升，拥有希望，那么克服困难的动力就会越强；拥有自信可以把希望、乐观运用到某一特定的生活领域中，这就意味着员工拥有较高的积极情绪，拥有积极情绪的人们会倾向于为自己设定较高难度的目标，以及接受较高难度的挑战，进而提高自己的周边绩效。再者从归因理论来看，积极情绪的人们倾向于将失败归因于外在环境的影响，他们更能积极地投身于自己的工作，因此我们一般认为心理资本的提高是对组织中人力资源的投资。第三，由于正式化的形式只能使员工表现出工作职责内的行为，若要使员工产生职责外的行为管理者最好应该设置一些奖励措施，同时更加关注员工自身价值的实现，对于高等院校教职工，他们比较关注自己的学术能力是否被认可和尊重，同时自己的能力是否被尊重，一个学校科研支持环境如何，如果高等院校尊重教职工的能力，关注教职工的自身价值以及一个好的科研支持环境，那么教职工会履行自己职责外的行为。同时友善的支持与关怀，信任和承诺，也能增进员工的工作奉献。

（三）对于在组织中如何通过提高心理资本从而提高周边绩效的启示

对高等院校和教职工的关系而言，通过改善两者的关系，从而进一步影响教职工的周边绩效行为。本研究中心理资本对组织支持感与周边绩效具有部分中介作用，所以组织支持感对周边绩效的影响是通过两条途径实现的。在实践中积极心理学和积极组织行为学大多关注的是个体健康积极的心理状态，而非消极的不健康的心理特征，因此非常强调在实际工作中对可以测量、开发的心理资本的研究和运用，以便于提高个体和组织的绩效。作为高等院校中教职工个体积极性的集中表现，心理资本的构成维度诸如自信、希望、以及自强和坚韧等，它们可以直接影响员工的周边绩效。因此对自信、希望以及自强和坚韧的开发也异常重要，对于自信心的开发，我们可以采用层进式技术对教职工设置目标，由于对目标有实现的期望，参与者会朝着自己所制定的目标努力奋斗；对于希望的开发，由于希望受到目标、路径和动因的影响，因此我们可以利用目标去增强参与者的动因，除此之外，参与者为实现与工作相关的目标需要制定多条路径，以确定有哪些需要克服的障碍，并制定相应的计划来克服这些障碍；而对于自强和坚韧的开发，要充分意识到教职工本身所拥有的个人资产，如技能和社会网络，这样能够增强参与者的自强和坚韧，开发此维度比较重要的是制订计划去克服障碍，主要关注的是避免障碍或者是障碍严重化，最后让参与者认识到自己在面对逆境时的想法与感受（比如自信或者绝望），然后会在评估克服障碍的资源和方法的基础上选择更有韧性的想法。提高组织中人力资源的竞争优势是要着重强调通过对员工物质和心理上的支持提高员工的积极心理状态，从而进一步提高组织中员工的周边绩效，达到提升高等院校教职工整体绩效和组织的竞争活力。

这项研究结果据表明，心理资本对员工的态度和行为发挥积极影响，从而进一步导致一个组织的竞争优势。换句话说，组织中的员工的心理资本水平的高低对员工的周边绩效起到杠杆的作用。

第三节 研究局限与建议

鉴于作者的知识和能力有限，在本研究中不可避免地存在着一些不足之处，下面作者将结合本文的几点局限为以后的研究提供一些建议和意见。

首先，虽然本研究采用问卷调查法（邮寄、网上答卷、现场发放）和现场访谈法进行调查获取信息，但研究中的大部分数据仍是通过问卷调查法而获得。调查问卷中的大多数题目都是由同一被试回答的，因此很难避免同源偏差（CMV），因变量和自变量之间的同源偏差可能会导致人为提高各变量之间的相关性。以后的研究必须考虑使用多种调查手段（比如说让被试者的直接上级对其周边绩效进行评价）相结合的方式来获取样本数据，从而减小同源偏差。另外，本研究测量周边绩效的题项是以主观指标为主，虽然这些指标在问卷调查研究中是有效的，但是如果在其中加入一些能反映客观绩效的指标，那么就更能说明问题同时也可以提高信度。在问卷调查过程中，由于人力、财力和物力多方面的限制，大多数情况下调查问卷未能在现场为填答者详细讲解作答要求和注意事项。在今后的调查中，如果条件允许研究者应该亲临现场把被试高等院校的调查问卷作答者集中讲解，向他们详细说明作答要求和注意事项，现场回收。同时在今后的研究中应该将具有因果关系的变量分割在不同时点进行测量，这样会有助于降低相同方法变异所导致的偏误（Podsakoff, MacKenzie &Podsakoff, 2003）[①]。

其次，在本研究中样本的获取不是通过随机抽样，主要通过便利抽样和"滚雪球"（snow ball）抽样的方式来选取被试，虽然我们在抽样时综合地考虑了省份、高校性质、单位成立时间、单位规模、教职工性别、工作部门、年龄、学历、工作时间、工作年限等各因素之间的平衡，但是在本研究的样本抽取过程依然属于非概率抽样，这种抽样方式在很大程度上削弱了研究结果的效度，因此建议未来的研究应该通过相对规范的概率抽样来抽取样本，同时由于研究取样集中在18个省份的高等院校进行研究，这在一定程度上限制了研究结果的推广性和可信度。

再次，本研究中使用的数据是截面数据，只能揭示某个时点的状况，同时在研究设计不允许因果关系的结论（causal conclusions），尤其在一个相互矛盾的选择中，比如周边绩效有可能预测希望、乐观以及心理资本，而非乐观、坚韧力、希望和心理资本能预测周边绩效。然而这种理论构建基础和代表性的发现可能提供了洞察力或者说至少从这点出发去做将来的

[①] Podsakoff, P. M., S. B. MacKenzie, and N. P. Podsakoff, 2003. Common method biases in behavioral research:A critical review of the literature and recommended remedies. Journal of Applied Psychology, 88, 879-903.

追踪和试验性研究。虽然在研究中随机化是不可能的，但是数据来自于不同类型的高校，同时样本问卷的收集也比较及时，这样能使历史和选择（history and selection）的威胁最小化。当使用的概念和一个文化开发的技术应用到另一种文化时，任何领域研究的限制都会被不断放大。总结已有的发现，在研究中的样本来自于不同类型的高校，但是样本只仅仅来自于国内，一般化还未能扩展到其他文化背景的国家。

最后在进行统计分析时，控制了被试的性别、年龄、学历以及高校性质等人口统计学变量以及组织变量，但是在现实工作中，性别、年龄、学历和工作年限等因素，都可能会不同程度地影响员工的心理资本与周边绩效、组织支持感的相关程度，这些个体因素和组织因素（高校的组织文化等）都可能会产生的不同的调节作用，这有待于进一步开展研究和检验。

参考文献

[1] Abbott, G N., White, E A., & Charles, M. A.. Linking values and organizational commitment: A correlational and experimental investigation in two organizations [J].Journal of Occupational and Organizational Psychology, 2005 (4): 531-551.

[2] Adams, J. S. Inequity in social exchange. [M]. NewYork: Academic Press, 1965.

[3] Alexander D. Self-Efficacy and Work-Related Performance: A Meta-Analysis [J]. Psychological Bulletin, 1998(124): 240-261.

[4] Allen, D., Shore, L., Griffeth, R. The role of perceived organizational support and supportive human resource practices in the turnoverprocess [J]. Journal of Management, 2003,29 (1): 99-118.

[5] Ann S. Mastena1, Karin M. Besta1 and Norman Garmezya1. Resilience and development: Contributions from the study of children who overcome adversity [J]. Development and Psychopathology, 1990 (56): 425-444.

[6] Armeli, S., R. Eisenberger, P. Fasolo, and P. Lynch, Perceived organizational support and police performance: The moderating influence of socioemotional needs [J]. Journal of Applied Psychology, 1998(83): 288-297.

[7] Ashkanasy, N. M. and C. S. Daus. 'Emotion in the workplace: The new challenge for managers [J]. Academy of Management Executive, 2002

(16): 76-86.

［8］Avey, J. B., Patera, J. L., & West, B. J. The implications of positive psychological capital on employee absenteeism [J]. Journal of Leadership and Organization Studies, 2006(13): 42-60.

［9］Avolio, B. J., Gardner, W. L., Walumbwa, F. O., Luthans, F. and May, D. R. Unlocking the mask: A look at the process by which authentic leader's impact follower attitudes and behaviors [J]. Leadership Quarterly, 2004(15): 801-823.

［10］A .Mercer, K Bilson. Factors influencing organizational commitment by physicians[J]. Academy of Management Proceedings, 1985(22): 72-76.

［11］Bandura, A. Self-efficacy: The exercise of control [M]. New York: Freeman, 1997.

［12］Bass, B.M.Bass and Stogdill's handbook of leadership(3rd) [M]. New York: Free Press, 1990.

［13］Baumeister, R. F., E. Bratslavsky, M. Muraven and D. M. Tice. Ego depletion: Is the active self a limited resource? [J]. Journal of Personality and Social Psychology, 1998(74): 1252-1265.

［14］Bible, New King James Version.

［15］Becker, B., & Gerhart, B. The impact of human resource management on organizational performance: Progress and prospects [J]. Academy of Management Journal, 1996(39): 779-801.

［16］Blau, P. M. Exchange and power in social life[M]. New York: John Wiley, 1964.

［17］Block, AM Kremen. IQ and ego-resiliency: Conceptual and empirical connections and separateness [J]. Journal of Personality and Social

Psychology, 1996 70(2):349-61.

[18] Bollen K A. Structural Equations with Latent Variables[M]. NewYork: Wiley, 1989.

[19] Borman W C and Brush D H. More Progress toward A Taxonomy of Managerial Performance Requirement [J]. Human Performance, 1993 (6): 1-21.

[20] Borman, W. C., & Motowidlo, S. J.. Task performance and contextual performance: The meaning for personnel selection research [J]. Human Performance, 1997 (10): 99-109.

[21] Borman W C and Motowidlo S J. Task Performance and Contextual Performance: The Meaning for Personnel Selection Research [J]. Human Performance, 1997(10):101-112.

[22] Brief, A. P., & Motowidlo, S. J. Prosaically organizational behaviors [J]. Academy of Management Review, 1986(11): 710-725.

[23] Brief, A. P. and H. W. Weiss (2002). "Organizational behavior: Affect in the workplace" [J]. Annual Review of Psychology, 2002(53): 279-307.

[24] Briner, R. B. The neglect and importance of emotion at work [J]. European Journal of Work and Organizational Psychology, 1999(8): 323-346.

[25] Brotheridge, C. M. and R. T. Lee. "Development and validation of the emotional labour scale" [J]. Journal of Occupational and Organizational Psychology, 2003(76): 365-379.

[26] Carolyn M. Youssef. Positive Organizational Behavior in the Workplace [J]. Journal of Management, 2007: 744-800.

[27] Carolyn M. Youssef. The Additive Value of Positive Psychological Capital in Predicting [J]. Work Attitudes and Behaviors, 2007: 1-23.

[28] Griffeth, R.W., Horn, P.W, Gaertner, S. A Meta-analysis of Antecedents and Correlates of Employee Turnover: Update, Moderator Tests, and Research Implications for the Next Mil-lennium [J]. Journal of Management, 2000(26): 463-488.

[29] Cropanzano,Russell,Zinta S. Byrne,D. Ramona Bobocel, Deborah E. Rupp. Moral Virtues,Fairness Heuristics, Social Entities, and Other Denizens of Organizational Justice [J]. Journal of Vocational Behavior, 2001 58(2): 164-209.

[30] Chen, Z. X., S. Aryee, and C. Lee, Test of a mediation model of perceived organizational support [J]. Journal of Vocational Beltavior, 2005(66): 457-470.

[31] Chong, H., White, R., Prybutok V. Relationship among organizational support, JIT implementation, and performance [J]. Industrial Management Data Systems, 2001(101): 273-285.

[32] Cleveland, J.N., Shore, L.M.Self-perspectives and supervisory perspectives on age and work attitudes and performance [J]. Journal of Applied Psychology, 1992(77): 469-484.

[33] Colquitt, J.A., Colon, D.E., Wesson, M.J., Poter, C.O. & Ng, K.Y. Justice at the millennium: a meta-analytic review of 25 years of organizational justice research [J]. Journal of Applied Psychology, 2001 86(3): 425-445.

[34] Cotterell, N., Eisenberger, R., Speicher, H.Inhibiting Effects of reciprocation wariness on interpersonal relationship [J]. Journal of Personality and Social Psychology, 1992(62): 658-668.

[35] Coutu D L.2002. How resilience works [J]. Harvard Business Review, 2002 80 (5): 46-51.

[36] Cropanzano, R., Howes, J.C., Grandey, A.A., et al. The relationship

of organizational politics and support to work behaviors, attitudes, and stress [J]. Journal of Organizational Behavior, 1997 18(2): 159-180.

［37］Currivan, D.B.The causal order of job satisfaction and organizational commitment in models of employee turnover [J]. Human Resource Management Review, 1999 9(4): 495-524.

［38］Curry, Snyder, Cook, and Ruby. Role of hope in academic and sport achievement [J]. Journal of Personality and Social Psychology, 1997(73): 1257-1267.

［39］Dansereau, F.J., Graen, G., Haga, W.J.A Vertical dyad linkage approach to leadership within formal organizations: A longitudinal investigation of the role-making process [J]. Organizational Behavior and Human Performance, 1975(13).

［40］David G., Lynn G., Rodger W.The role of perceived organizational support and supportive human resource practices in the turnover process [J]. Journal of Management, 2003 29(1): 99-118.

［41］Delaney, J. T., & Huselid, M.. The impact of human resource practices on perceptions of organizational performance [J]. Academy of Management Journal, 1996(39): 949-969.

［42］Dienesch, R.M., Liden, R.C.Leader-member exchange model of leadership: A critique and further development [J]. Academy of Management Review, 1986 11(3): 618-634.

［43］Eisenberger, R.,Huntington, R., Hutchisom, S.,et al. Perceived Organizational Support [J]. Journal of Applied Psychology, 1986(2): 500-507.

［44］Eisenberger, R., Cotterell,N., Marvel, J.Reciprocation ideology [J]. Journal of Personality and Social Psychology, 1987(53): 743-750.

［45］Eisenberger, R.,Fasolo,P., Davis-LaMastro,V.Perceived

organizational support and employee diligence, commitment, and innovation [J]. Journal of Applied Psychology, 1990(75): 51-59.

［46］Eisenberger, R.,Cummings,J., Armeli,S.,et al.Perceived organizational support, discretionary treatment and job satisfaction [J]. Journal of Applied Psychology, 1997(82):812-820.

［47］Eisenberger, R, Rhoades, L., &Cameron, J.Does pay for performance increase of decrease perceived self-determination and intrinsic motivation [J]. Journal of Personality and Social Psychology, 1999(77): 1026-1040.

［48］Eisenberger, R.,Armeli,S., Rexwinkel, B.,etal.Reciprocation of Perceived Organizational Support [J]. Journal of Applied Psychology, 2001 86(1): 42-51.

［49］Eisenberger, R., Stinglhamber, F., Vandenberghe, C.,et al. Perceived supervisor support: contributions to perceived organizational support and employee retention[J]. Journal of Applied Psychology, 2002(87): 565-573.

［50］Emmons, R., A., & Crumpler, C., A.Gratitude. as a human strength: Appraising the evidence [J]. Journal of Social and Clinical Psychology, 2000(19): 56-59.

［51］Epitropaki, O.,Martin, R.From Ideal to Real: A longitudinal study of the role of implicit leadership theories on leader-member exchanges and employee outcomes [J]. Journal of Applied Psychology, 2005 90(4): 659-676.

［52］Erdogan, B.,Kraimer, M.L., Liden, R.C.Work value congruence and intrinsic career success: The compensatory roles [J]. Personnel Psychology, 2004 57(2): 305-332.

［53］Farh, J.L., Earley, P.C., Lin, S., "Impetus for Action:A Cultural

Analysis of Justice and Organizational Citizenship Behavior in Chinese Society" [J]. Administrative Science Quarterly, 1997 42(3), pp.421-444.

［54］Fehr, E., Gachter, S., Kirchsteiger G.. Reciprocity as a Contract Enforcement Device: Experiment Evidence. Econometrica, 1997 (65): 833-860.

［55］Ferris, G.,R., Kacmer,K.M. Perception of organizational politics [J]. Journal of Management, 1992(18): 93-116.

［56］Ferris, G. R., Arthur, M. M., Berkson, H. M., Kaplan, D. M., Harrell-Cook, G., & Frink, D. D. Toward a social context theory of human resource management-organizational effectiveness relationship. [J]. Human Resource Management Review, 1998(8): 235-264.

［57］Fred Luthans. The need for and meaning of Essay positive organizational behavior [J]. Journal of Organizational Behavior, 2002: 695-706.

［58］Positive organizational behavior: Developing and managing psychological strengths [J]. Academy of Management Exective, 2002(16): 57-72.

［59］Fred Luthans. Positive psychological capital: Beyond human and social capital [J]. Business Horizons, 2004 47(1): 45-50.

［60］Fred Luthans, & Youssef, C. M. (2004). Human, social, and now positive psychological capital management: Investing in people for competitive advantage [J]. Organizational Dynamics, 2004(33): 143-160.

［61］Luthans, F., Avolio, B., Walumbwa, F., & Li,W. The psychological capital of Chinese workers: Exploring the relationship with performance [J]. Management and Organization Review, 2005(1): 247-269.

［62］Fred Luthans 等. Human, Social, and Now Positive Psychological

Capital Management: Investing in People for Competitive Advantage [J]. Organizational Dynamics, 2005 33(2): 143-160.

[63] F Luthans, SM Norman, BJ Avolio, JB Avey. The mediating role of psychological capital in the supportive organizational climate-employee performance relationship [J]. Journal of Organizational Behavior, 2008(29): 219-238.

[64] Fred Luthans, Bruce J. Avolio. Positive psychological capital: measurement and relationship with performance and satifaction[J].Personnel Psychology, 2007(60): 541-572.

[65] Fred Luthans, James B. Avey, Bruce J. Avolio. Psychological capital development: toward a micro-intervention [J]. Journal of Organizational Behaviour, 2006(27): 387-393.

[66] Fred Luthans, & Youssef, C. M. Emerging positive organizational behavior [J]. Journal of Management, 2007(33): 321-349.

[67] Fred Luthans, Avolio, B. J., Avey, J. B., & Norman, S. M.. Positive psychological capital: Measurement andrelationship with performance and satisfaction [J]. Personnel Psychology, 2007(60): 541-572.

[88] Fred Luthans. The point of positive organizational behavior [J]. Journal of Organizational Behavior, 2009 30(2): 291-307.

[89] Fredrickson, B. L. The role of positive emotions in positive psychology: The broaden-and-build theory of positive emotions [J]. American Psychologist, 2001(56): 218-226.

[90] Fredrickson, B. L., & Losada, M. F. Positive affect and the complex dynamics of human flourishing [J]. American Psychologist, 2005(60): 678-686.

[91] Gardner, W. L., & Schermerhorn, J. R., Jr. Unleashing individual

potential: Performance gains through positive organizational behavior and authentic leadership [J]. Organizational Dynamics, 2004(33): 270-281.

[92] Gagnon,M.A.,Michael,J.H.Outcomes of perceived supervisor support for wood production employees [J]. Forest Products Journal, 2004 54(12): 172-177.

[93] George, J.M., Reed, T.F., Ballard, K.A., et al.Contact with Aids patients as a source of work-related distress: Effects of organizational and social support [J]. Academy of Management Journal,1993(36): 157-171.

[94] George, J.M.,Brief,A.P.Feeling good-doing good: A conceptual analys mood at work-organizational spontaneity relationship [J]. Psychological Bul, 1992(112): 310-329.

[95] Gerloff, E. A., & Hoyt, J. Organizational environment, changing economic conditions, and the effective supervision of technical personnel: A management challenge [J]. Journal of High Technology Management Research, 1999 (102): 275-293.

[96] Gould, S. An equity-exchange model of organizational involvement [J].Academy of Management Review, 1979(4): 53-62.

[97] Gouldner, A. W. The norm of reciprocity: A preliminary statement [J].American Sociological Review, 1960(25): 161-178.

[98] Graham, J. W. An essay on organizational citizenship behavior [J]. Employee Responsibilities and Rights Journal, 1991 4(4): 249-270.

[99] Greenberg,J. Organizational justice: yesterday, today and tomorrow [J]. Journal of Management,1990(16): 399-432.

[100] Graen, G. Role-making processes within complex organizations. In Dunnette, M. D. (Ed.) [J]. Handbook of industrial and Organizational Psychology, 1976: 1204-1245.

[101] Guest, D. "Is the psychological contract worth taking seriously?" [J].Journal of Organizational Behavior, 1998(19): 649-664.

[102] Guzzo,R.A.,Noonan,K.A.,Elron,E. Expatriate managers and the psychological contract [J]. Journal of Applied Psychology,1994(79): 617-626.

[103] Hackman, J. R., & Oldham, G. R [M]. Work Redesign. Reading, MA: Addison-Wesley.1980.

[104] Harland. Leadership Behaviors and Subordinate Resilience [J]. Journal of Leadership and Organization Studie, 2005: 1-14.

[105] Harter, J. K., Schmidt, F. L., & Hayes, T. L. Business-unit level relationship between employee satisfaction, employeeengagement, and business outcomes: A meta-analysis [J]. Journal of Applied Psychology, 2002(87): 268-279.

[106] Hellman,Chan M.Job satisfaction and intent to leave [J]. Journal of Social Psychology, 1997 137(6): 677-696.

[107] Herriot P, Manning E G, Kidd J M.The content of the psychological contract [J]. British Journal of Management,1997(8):151-162

[108] Hochwarter,W.A.,Kacmar,C.,Perrewe,P.L.,et al. Perceived organizational support as a mediator of the relationship between politics perceptions and work outcomes [J]. Journal of Vocational Behavior, 2003(63): 438-456.

[109] Hofmann,D.A.,Morgeson, F.P.Safety-related behavior as a social exchange: The role of perceived support and leader-member exchange [J]. Journal of Applied Psychology, 1999(84):286-296.

[110] Hom, P.W., Griffeth, R.W. Employee turnover .Cincinnati, OH: South-Western College Publishing, 1995.

[111] Homans, G. Social behavior as exchange [J]. American Journal of

Sociology, 1958(63): 597-606.

［112］Houkes, I., Janssen, P. M., Bakker, A. B.. Specific determinants of intrinsic work motivation, emotional exhaustion and turnover intention: A multisample longitudinal study [J].Journal of Occupational and Organizational Psychology, 2003(76): 427-450.

［113］House, R.J.,Rizzo,J.R.Role Conflict and Ambiguity as Critical Variables Model of Organizational Behavior [J]. Organizational Behavior and HumanPerformance, 1972(7): 467-505.

［114］Hui, C., Lee, C., Rousseau, D. M., "Psychological Contract and Organizational Citizenship Behavior in China: Investigating Generalizability and Instrumentality" [J]. Journal of Applied Psychology, 2004b 89(2):311-321.

［115］Hui, C., Lee, C., Rousseau, D.M., 2004a, "EmploymentRelationships in China: Do Workers Relate to the Organization or to People?" [J]. Organization Science, 2004a 15(2): 232-240.

［116］Huselid, M.A.The impact of human resource management practices on turn productivity, and corporate financial performance [J]. Academy of Manage Journal,1995(38): 635-672.

［117］Hutchison, S.A path model of perceived organizational support [J]. Journal of Behavior and Personality, 1997a12: 159-174.

［118］Hutchison, S.Perceived organizational support: Further evidence of cons validity [J]. Educational and Psychological Measurement, 1997b (57): 1025-1034.

［119］Hutchison, S., Garstka, M.Sources of perceived organizational support: Goal and feed back [J]. Journal of Applied Social Psychology, 1996(26): 1351-1366.

［120］H. Hotelling. Analysis of a complex of statistical variables with principal components [J]. Journal of Educational Psychology, 1933(24): 417-441.

［121］James M. Conway.Distinguishing Contextual Performance from Task Performance for Managerial Jobs [J]. Journal of Applied Psychology, 1996 84(1): 3-13.

［122］James P. Stevens. Applied Multivariate Statistics for the Social Sciences. LEA, Inc, 2002.

［123］James B. Avey,. A call for longitudinal research in positive organizational behavior [J]. Journal of Organizational Behavior, 2008: 705-711.

［124］James B. Avey, Bruce J. Avolio.,. Psychological ownership: theoretical extensions, measurement and relationto work outcomes [J]. Journal of Organizational Behavior, 2009: 173-191.

［125］Jung, C. Modem man in search of a soul [M]. New York: Harcourt, 1933.

［126］Katz, D., & R. L. Kahn. The Social Psychology of Organizations [M]. New York: Wiley, 1966.

［127］Katz, D. The motivational basis of organizational behavior. Behavioral Science, 19649(1): 131-146.

［128］Katz, D., & R. L. Kahn.The Social Psychology of Organizations [M].New York: Wiley, 1966.

［129］Katz, D., & K R. L. ahn. The Social Psychology of Organizations, 2nd [M]. New York: Wiley, 1978.

［130］Kyriacou, C. Sources of stress among British teachers: The contribution of job factors and personality factors. In C. L. Cooper & J.

Marshall (Eds.) [M].White collar and professional stress. New York: Wiley, 1980.

［131］Kyriacou, C., & Sutcliffe, J. A model of teacher stress [J]. Educational Studies, 1978a (4):1-6.

［132］KF Riegel. Toward a dialectical theory of development [J].Human development, 1975(18): 50-64.

［133］LarsonM, Luthans F. Potential Added value of psychological capital in predicting work attitudes [J]. Journal of Leadership & Organizational Studies, 2006: 13-45.

［134］Lazarus, R. S. Psychological stress and coping in adaptation and illness [J].International Journal of Psychiatry in Medicine, 1974(5): 321-333.

［135］Lee, A., & Walters, L. The effects of a professional values gap on job satisfaction, organisational commitment and intention to turnover in big five accounting firms [J]. Annual Congress, 2002(25): 16-26.

［136］LePine, J. A., Hanson, M. A., Borman, W. C., & Motowidlo, S. Contextual performance and teamwork: Implications for staffing [J].Research in Personnel and Human Resources Management, 2000(19): 53-90.

［137］Leventhal, G. S., Karuza, J., & Fry, W. R. Beyond fairness: A theory of allocation preferences. In G. Mikula (Ed.), Justice and social interaction [M]. New York: Springer-Verlag, 1980.

［138］Levinson, H. Reciprocation: The relationship between man and organization [J].Administrative Science Quarterly, 1965(9):370-390.

［139］Lewicki, B. H. Sheppard, & M. H. Bazerman (Eds.), Research on negotiations in organizations [M]. Greenwich, CT: JAI Press.

［140］Linda Rhoades and Robert Eisenberger .Perceived Organizational Support: A Review of the Literature [J]. Journal of Applied Psychology, 2002

87(4): 698-714.

[141] Luthar S S, Cicchetti D, Becker B. The construct of resilience: A critical evaluation and defines for future work [J]. Child Development, 2000 71(3): 543-562.

[142] Maddi .The effectiveness of hardiness training [J]. Consulting Psychology Journal, 1998(50): 78-86.

[143] Masten, A. S. Ordinary magic: Resilience processes in development [J]. American Psychologist, 2001(56): 227-239.

[144] Masten, A. S., & Reed, M. G. J. Resilience in development. In C. R. Snyder, & S. Lopez (Eds.), Handbook of positive psychology [M].Oxford, U.K.: Oxford University Press, 2002.

[145] Mathieu, J. E., & Zajac, D. A review and meta-analysis of the antecedents, correlates, and consequences of organizational commitment [J]. Psychological Bulletin, 1990(108):171-194.

[146] Meyer, J. P., & Allen, N. J.. Commitment in the workplace: Theory, research and application [M]. Thousand Oaks, CA: Sage, 1997.

[147] Mowday, R. T., Porter, L. W., & Steers, R. M. Organizational linkages: The psychology of commitment, absenteeism, and turnover's Diego [M].CA: Academic Press, 1982.

[148] Maslow, A. The farthest reaches of human nature [M].New York: Viking, 1971.

[149] Miller, Powers. Development of an Instrument to Measure Hope [J].Nursing Research, 1988(37): 6-10.

[150] Medsker G J, Williams L J, Holahan P J. A Review of Current Practices for Evaluating Causal Models of Organizational Behavior and Human Resources Management Research[J].Journal of Management ,

1994(20): 429-464.

[151] M Siegall, T McDonald. Person-organization value congruence, burnout and diversion of resources [J]. Personnel Review, 1998(33): 291-301.

[152] Organ, D. W. & Bateman, T. S. Job satisfaction and the good soldier: The relationship between affect and employee "citizenship." [J]. Academy of Management Journal, 1983(26): 587-595.

[153] Organ, D. W., & Konovsky, M.Cognitive versus affective determinants of organizational citizenship behavior [J]. Journal of Applied Psychology, 1989 74(2): 157-164.

[154] Payne, R. L. and G. L. Cooper Emotions at work [M].Wiley, New York, 2001.

[155] Parker S. Enhancing role-breadth self efficacy: The roles of job enrichment and other organizational interventions. Journal of Applied Psychology, 1998 83(6): 835-852.

[156] Peterson C. The future of optimism [J]. American Psychologist, 2000(55): 44-55.

[157] Peterson, S., & Luthans, F. The positive impact of development of hopeful leaders [J]. Leadership and Organization Development Journal, 2003(24): 26-31.

[158] Peter Salovey and John D. Mayer. Emotional Intelligence [J]. Imagination, Cognition and Personality, 1990(9):185-211.

[159] Podsakoff, P. M., MacKenzie, S. C., Lee, J., & Podsakoff, N. P. Common method biases in behavioral research: A critical review of the literature and recommended remedies [J].Journal of Applied Psychology, 2003 88(5): 879-903.

[160] PC Hill, KII Pargament, RW Hood. Conceptualizing religion and

spirituality: Points of commonality, points of departure [J]. Journal for the Theory of Social Behaviour, 2000(30): 51-57.

[161] Rabin Matthew. Incorporating Fairness into Game Theory and Economics [J]. American Economic Review, 1993 83(5): 1281-1302.

[162] Renn, R.W., & Vandenberg, R. J.. The critical psychological states: An underrepresented component in job characteristics model research [J]. Journal of Management, 1995: 279-303.

[163] Rhoades, L., Eisenberger, R., & Armeli, S.. Affective commitment to the organization: The contribution of perceived organizational support [J]. Journal of Applied Psychology, 2001 86(5): 825-836.

[164] Rhodes, Jean, Reddy, Ranjini, Roffman, Jennifer, Grossman, Jean B. Promoting Successful Youth Mentoring Relationships: A Preliminary Screening Questionnaire [J]. The Journal of Primary Prevention, 2005(26): 147-167.

[165] Rogg, K. L., Schmidt, D. B., Shull, C., & Schmitt, N. Human resource practices, organizational climate, and customer satisfaction [J]. Journal of Management, 2001(27): 431-449.

[166] Raised, C. L., Murpgy, L. B., Byard, L., & Nikzard, K. The role of the big five personality factors in vigilance performance and workload [J]. European Journal of Personality, 2002(16): 185-200.

[167] Rotter. Generalized expectancies for internal versus external control of reinforcement [J] Psychol Monogr, 1966 80(1): 1-28.

[168] Rousseau, D. M., "Psychological and Implied Contractsin Organizations" [J]. Employee Responsibilities and Rights Journal, 1989(2): 121-139.

[169] Sahlins, M. Stone Age Economics [M]. New York: Aldine

deGruyter, 1972.

［170］Scheier M, Carver C. Coping with stress: Divergent strategies of optimists and pessimists [J]. Journal of Personality and Social Psychology, 1986(51): 1257-1264.

［171］Schneider, S. L. In search of realistic optimism [J]. American Psychologist, 2001(56): 250-263.

［172］Schermerhorn, J. R., Jr., Gardner, W. L., & Martin, T. N. Management dialogues: Turning on the marginal performer. Organizational Dynamics, 1990(18): 47-59.

［173］Searle, B., 1. E. H. Bright and S. Bochner. Helping people to sort it out: The role of social support in the job strain model. [J]. Work and Stress, 2001 (15): 328-346.

［174］Seligman, M. E. P., & Csikszentmihalyi, M.. Positive psychology [J]. American Psychologist, 2000(55): 5-14.

［175］Shapiro, D. L., Buttner, E. H., & Barry, B. Explanations: What factors enhance their perceived adequacy? [J]. Organizational Behavior and Human Decision Processes, 1994(58): 346-368.

［176］Sheldon M, King L. Why Positive Psychology Is Necessary [J]. American Psychologist, 2001 56(3): 216-217.

［177］Skarlicki, D. P. & Latham, G. P. (). Leadership training in organizational justice to increase citizenship behavior within a labor union: A replication [J].Personnel Psychology, 1997 50(3): 617-633.

［178］Smith, C. A., Organ, D. W, & Near, J. P.. Organizational citizenship behavior: Its nature and antecedents [J].Journal of Applied Psychology, 1983 68(4): 653-663.

［179］Snyder, C. R. (2002). Hope theory: Rainbows in the mind [J].

Psychological Inquiry, 2002(13): 249-276.

［180］Snyder C R Shorey H S, Cheavens J, Pulvers KM. AdamsBI V H, Wiklund C. Hope andAcademic Success in College [J]. Journal of Educational Psychology, 2002 94(4): 820-826.

［181］Stajkovic, A., & Luthans, F. Self-efficacy and work-related performance: A meta-analysis [J].Psychological Bulletin, 1998(44): 580-590.

［182］Steers, R. M. Antecedents and outcomes of organizational commitment [J].Administrative Science Quarterly, 1977(22): 46-56.

［183］Terman, L. M. The gifted student and his academic environment [J]. School and Society, 1939(49): 65-73.

［184］Tompson, H. B., & J. M. Werner, The impact of role conflict facilitation on core and discretionary behaviors: Testing a mediated model [J]. Journal of Management, 1997 23(4): 583-601.

［185］Tsui, A. S., & O'Reilly, C. A. III. Beyond simple demographic effects: The importance of relational demography in superior-subordinate dyads [J]. Academy of Manaement Journal, 1989(32): 402-423.

［186］Tugade M M, Fredrickson B L. Resilient individuals use positive emotions to bounce back from negative emotional experiences [J]. Journal of Personality and Social Psychology, 2004 86(2): 320-333.

［187］Van Scotter, J. R., & Motowidlo, S. J. Evidence for two factors of contextual performance: Job dedication and interpersonal facilitation [J]. Journal of Applied Psychology, 1996 88(5): 525-531.

［188］Van Scotter J R and Motowidlo S J. Interpersonal Facilitation and Job Dedication as Separate Facets of Contextual Performance [J] .Journal of Applied Psychology , 1996 (81): 525-531.

［189］Vigoda, E. Internal politics in public administration systems: An empirical examination of its relationship with job congruence, organizational citizenship behavior andin-role performances [J]. Public Personnel Management, 2000(26): 185-210.

[190] Wagnild, G.M., &Young, H. M. Development and psychometric evaluation of the resiliency scale [J] .Journal of Nursing Management, 1993(1): 165-178.

[191] Wanous, J. P., Reichers, A. E., & Autsin, J. T. Cynicism about organizational change: Measurement, antecedents, and correlates [J] .Group & Organization Management, 2000(25): 132-153.

[192] Wayne, S. J., L. M. Shore, and R. C. Liden. Perceived organizational support and leader-member exchange: A social exchange perspective [J] .Academy of Management Journal, 1997(40): 82-111.

[193] Wayne, S. 1, L. M. Shore, W. H. Bommer, and L. E. Tetrick. The role of fair treatment and rewards in perceptions of organizational support and leader-member exchange [J] .Journal of Applied Psychology, 2002 87(3): 590-598.

[194] Weiss, H. M. and R. Cropanzano. Affective events theory: A theoretical discussion of the structure causes and consequences of affective experiences at work [J]. Research in Organizational Behavior, 1996(18): 1-74.

[195] Willians, L. 1. & Anderson, S. E.. Job satisfaction and organizational commitment as predictors of organizational citizenship and in-role behaviors [J] .Journal of Management, 1991 17(3): 601-617.

[196] Worline, M., & Quinn, R. Courageous principled action. In K. S. Cameron, J. E. Dutton, & R. E.Quinn (eds.), Positive organizational scholarship [M]. San Francisco: Berrett-Koehler, 2003.

[197] Wright, T. A. Time revisited in organizational behavior [J].

Journal of Organizational Behavior, 1997(18): 201-204.

［198］Wright, T. A. Positive organizational behavior: An idea whose time has truly come [J]. Journal of Organizational Behavior, 2003(24): 437-442.

［199］Wright, T. A., & Bonett, D. G. .Job satisfaction and psychological well-being as non-additive predictors of workplace turnover [J] .Journal of Management, 2007(33): 141-160.

［200］Wright, T. A., Cropanzano, R., & Bonett, D. G. The moderating role of employee positive well-being on the relation between job satisfaction and job performance [J] .Journal of Occupational Health Psychology, 2007(12): 93-104.

［201］Wright, T. A., & Goodstein, J. Character is not "dead" in management research: A review of individual character and organizational-level virtue [J] .Journal of Management, 2007(33): 928-958.

［202］Wright, T. A., & Huang, C. C. Character in organizational research: Past directions and future prospects [J] .Journal of Organizational Behavior, 2008(29): 981-987.

［203］Youssef, C. M., & Luthans, F. Leveraging psychological capital in virtuous organizations: Why and how. In C. Manz, K. Cameron, K. Manz, & R. Marx (Eds.), The virtuous organization [M].Hackensack, NJ: World Scientific, 2008.

［204］Youssef, C. M., & Luthans, F. Positive organizational behavior in the workplace: The impact of hope, optimism, and resiliency [J] .Journal of Management, 2007(33): 774-800.

［205］Zimmerman, R. D. Understanding the impact of personality traits on individuals turnover decisions: A met analytic path model [J] .Personnel

Psychology, 2008(61): 309-348.

［206］Zenger, T. R., & Lawrence, B. S. Organizational demography: The differential effects of age and tenure distributions on technical communication [J]. Academy of Management Journal, 1989(32): 353-376.

［207］Zidle, M. Retention hooks for keeping knowledge workers [J]. Manage, 1998 50(1): 21-22.

［208］Zucker, L. G. The production of trust: Institutional sources of economic structure [J] .Research in Organizational Behavior, 1986(8): 55-111.

［209］刘军，刘小禹，白新文.员工离职：雇佣关系框架下的追踪研究 [J]. 管理世界，2007（12）：88-95.

［210］仲理峰.心理资本对员工的工作绩效、组织承诺及组织公民行为的影响 [J]. 心理学报，2007（2）：328-334.

［211］仲理峰.心理资本研究评述与展望 [J]. 心理科学进展，2007（8）：482-487.

［212］蒋建武,赵曙明.心理资本与战略人力资源管理 [J].经济管理，2007（9）：55-58.

［213］王雁飞，朱瑜.心理资本理论与相关研究进展 [J]. 外国经济与管理，2007 29（5）：32-39.

［214］魏峰，张文贤.国外心理契约理论研究的新进展 [J]. 外国经济与管理，2004 26（2）：12-16.

［215］谢晋宇,王英,张再生.企业员工流失—原因、后果与控制 [M].经济管理出版社，1999年.

［216］杨国枢.中国人的心理与行为：本土化研究 [M]. 中国人民大学出版社，2004年.

［217］杨国枢，余安邦，叶明华.中国人的传统性与现代性概念与测量 [M].桂冠图书公司，1991年.

[218] 赵曙明.人力资源管理研究[M].中国人民大学出版社, 2001年.

[219] 王辉, 牛雄鹰, Kenneth S. Law. 领导—成员交换的多维结构及对工作绩效和情境绩效的影响[J]. 心理学报, 2004 36（2）:179-185.

[220] 王辉, 李晓轩, 罗胜强. 任务绩效与情境绩效二因素绩效模型的验证[J]. 中国管理科学, 2003 11（4）: 79-84.

[221] 朱晓妹, 王重鸣. 中国背景下知识型员工的心理契约结构研究[J]. 科学学研究, 2005 23（1）: 118-122.

[222] 孙泽厚, 郭颖. 知识型员工领导—成员交换与周边绩效的关系[J]. 科学学与科学技术管理, 2010（01）: 153-156.

[223] 唐强. 企业员工心理资本结构型度及其因果关系的初步验证. 浙江大学管理学院 2008 级硕士论文.

[224] 姜定宇, 郑伯勋. 组织忠诚、组织承诺, 及组织公民行为[M]. 桂冠图书公司, 2002.

[225] 魏峰, 李燚, 张文贤. 国内外心理契约研究的新进展[J]. 管理科学学报, 2005（5）: 66-83.

[226] 崔丽娟, 张高产. 积极心理学研究综述[J]. 心理科学, 2005（7）: 402-405.

[227] 李双燕, 万迪昉. 互惠对工作要求—工作满意度曲线关系的调节作用[J]. 南开管理评论, 2008（11）: 103-109.

[228] 费孝通. 乡土中国生育制度[M]. 北京大学出版社, 1948.

[229] 陆昌勤, 凌义铨, 方俐洛. 管理自我效能感与管理者工作态度和绩效的关系[J]. 北京大学学报（自然科学版）, 2006 23（2）: 276-280.

[230] 陆昌勤, 方俐洛, 凌文铨. 组织行为学中自我效能感研究的历史、现状与思考[J]. 心理科学, 2002 25（3）: 345-346.

［231］张辉华,李爱梅,凌文辁,徐波.管理者情绪智力与绩效的关系：直接和中介效应研究 [J]. 南开管理评论, 2009（12）：104-116.

［232］陈亮, 杜欣. 高校教师周边绩效维度的探索性分析 [J]. 河北大学学报（社会科学版）, 2007 32（4）：66-70.

［233］李超平. 分配公平与程序公平对工作倦怠的影响 [J]. 心理学报, 2003 35（5）：677-684.

［234］侯杰泰，温忠麟，成子娟. 结构方程模型及其应用 [M]. 教育科学出版社, 2004.

［235］吴明隆. 结构方程模型 [M]. 重庆大学出版社, 2009.

［236］王兴琼，陈维政. 积极组织行为学与组织健康 [J]. 经济管理, 2009（1）：91-95.

［237］张秀娟. 顾客不公平交往行为对员工工作绩效的多层次影响 [J]. 南开管理评论, 2008（3）：96-103.

［238］吴明隆. 结构方程模型 [M]. 重庆大学出版社, 2009.

［239］潘安娥，杨青. 基于主成分分析的武汉市经济社会发展综合评价研究 [J]. 中国软科学, 2005（7）：118-121.

［240］周浩，龙立荣. 共同方法偏差的统计检验与控制方法 [J]. 心理科学进展, 2004（6）：942-950.

［241］张辉华，凌文辁，方俐洛."情绪工作"研究概况 [J]. 心理科学进展, 2006 14（1）：111-119.

［242］李双燕，万迪昉，史亚蓉. 互惠的激励作用研究：经验证据及启示 [J]. 管理工程学报, 2009（2）：4-7.

［243］李金珍，王文忠，施建农. 积极心理学：一种新的研究方向 [J]. 心理科学进展, 2003 11（3）：321-327.

［244］李超平. 心理资本 [M]. 中国轻工业出版社, 2008.

［245］凌文辁. 企业员工的组织支持感 [J]. 心理学报, 2006 38（2）：

281-287.

[246] 凌文辁, 张治灿, 方俐洛. 中国职工组织承诺的结构模型研究[J]. 管理科学学报, 2000（6）: 76-81.

[241] 凌文辁, 张治灿, 方俐洛. 中国职工组织承诺研究[J]. 中国社会科学, 2001（2）: 90-102.

[242] 凌文辁, 郑晓明, 方俐洛. 社会规范的跨文化比较[J]. 心理学报 2003 35（2）: 246-254.

[243] 张剑. 情感人员管理研究领域中的新热点[J]. 北京科技大学学报（社会科学版）, 2007 23（3）: 38-43.

[244] 张剑, 郭德俊. 内部动机与外部动机的关系[J]. 心理科学进展, 2003（5）: 541-550.

[245] 曾晖, 赵黎明. 组织行为学发展的新领域——积极组织行为学[J]. 北京工商大学学报（社会科学版）, 2007 22（3）: 84-90.

[246] 曾晖, 韩经纶. 积极组织学术研究——当代组织管理中的新运动[J]. 心理科学, 2005 28（6）: 1479-1482.

[247] 凌文辁, 方俐洛. 心理与行为测量[M]. 北京, 机械工业出版社, 2004.

[248] Tsui A S, Pearce J L, Porter L W, Tripoli A M. 如何处理员工—组织关系：对员工的投入能带来回报吗？[J]. 美国管理学会学报：76-114.

[249] 陈晓萍、徐淑英、樊景立, 组织与管理研究的实证方法[M]. 北京, 北京大学出版社, 2008.

[250] 陈心田. 员工—主管互动、知觉组织支持、组织承诺与组织公民行为：台湾科技产业研发人员分析[J]. 交大管理学报, 2003 23（1）: 27-70.

[251] 蔡永红, 林崇德, 陈学锋. 学生评价教师绩效的结构验证性

因素分析 [J]. 心理学报, 2003（35）: 362-369.

[252] 蔡永红，林崇德. 绩效评估研究的现状及其反思 [J]. 北京师范大学学报（人文社会科学版），2001（4）: 119-126.

[253] 于海波、方俐洛、凌文辁、郑晓明. 组织信任对员工态度和离职意向、组织财务绩效的影响因素 [J]. 心理学报，2007 39（2）:311-320.

[254] 于肖楠，张建新. 韧性（resnlence）——在压力下复原和成长的心理机制 [J]. 心理科学进展，2005 13（5）:658-665.

[255] 张青方，郑日昌. 希望理论：一个新的心理发展视角 [J]. 中国心理卫生杂志，2002 16（6）:430-433.

[256] 周文霞，郭桂平. 自我效能感：概念、理论和应用 [J]. 中国人民大学学报，2006（1）:91-97.

[257] 张勉，张德. 企业雇员离职意向的影响因素：对一些新变量的量化研究 [J]. 管理评论，2007 19（4）: 23-28.

[258] 谭小宏，秦启文，潘孝富. 企业员工组织支持感与工作满意度、离职意向的关系研究 [J]. 心理科学，2007 30（2）: 441-443.

[259] 刘亚、龙立荣. 组织公平感对组织效果变量的影响 [J]. 管理世界，2003（3）:126-132.

[260] 李宁，严进，金鸣轩. 组织内信任对任务绩效的影响效应 [J]. 心理学报，2006 38（5）:770-777.

[261] 徐晓锋，车宏生，陈慧. 组织支持理论及其对管理的启示 [J]. 中国人力资源开发，2004（5）: 20-22.

[262] 王登峰，崔红，周帆. 基层党政领导干部的人格特点与工作绩效 [D]. 北京大学"首届中国党政与国企领导人才素质标准与开发战略研讨会"会议论文，2005.

[263] 詹延遵，凌文辁，方俐洛. 领导学研究的新发展：诚信领导理论 [J]. 北京：心理科学进展，2006（5）: 710-715.

［264］王远，尚静.大学教师绩效评估制度的有效性分析[J].河北大学学报（哲学社会科学版），2004（3）：46-48.

［265］樊景立.组织公民行为概念范畴的归纳性分析.徐淑英，刘忠明主编，中国企业管理的前沿研究[M].北京大学出版社，2004.

［266］李志鹏.组织支持、心理契约、组织承诺和工作满意度关系研究—从国有.

［267］商业银行员工留职视角的分析[D].硕士学位论文，浙江大学，2006.

《高等院校教职工心理资本》开放式问卷

访谈对象：高等院校教职工

指示语：本次访谈的目的主要在于了解高等院校教职工心理资本题项构成情况，本次访谈结果将仅仅用于科学研究，不会对您及单位、任何他人带来任何不良影响。谢谢支持！

一、心理资本定义

借鉴 Luthans 对心理资本的定义，将心理资本定义为"组织中个人可发展和被开发的积极的心理状态，具体可表现为：自我效能感（efficacy），有信心呈现和投入必要的努力以完成挑战性的工作；乐观（optimism）人把积极的事件归因于内部、持久、普遍深入的原因；希望（hope）为了成功照着预定的目标坚韧不拔的前进；坚韧力（resilience）当面临困难和危机时，持续保持韧劲从中迅速恢复，甚至摆脱困难走向成功。

二、开放式问卷问题

开放式问卷由一个问题：

您认为在学校中教职工应该拥有什么样积极心理要素，具体表现为哪些？让每位教职工尽可能多地写出他们的看法。

结合 Luthans 的心理资本的定义，您是如何理解心理资本的？在平时的工作中，教职工的心理资本如何？

您认为，从高等院校教职工个人方面，又会有哪些因素能影响到他自己的心理资本？或者就您自己而言，哪些您自身的因素会影响您的心理资本？

问卷调查表

尊敬的先生、女士:

您好!这是一份学术性的问卷,探讨"组织支持感与周边绩效"方面的一些问题,希望能获得您的支持与协助。本问卷共有80多道小题,主要想了解您对这些问题的看法,因此烦请您仔细阅读每一项叙述,并选择符合您条件和意愿的选项。

本问卷的各个题项与答案并无对与错之分,而您所填的答案仅供整体统计分析之用,决不个别处理或公开发表,资料绝对保密,不对任何人泄露,且不需要填写个人姓名,敬请您放心填答。

十分感谢您的协助及对本研究的支持。

祝您身体健康、万事如意!

武汉大学经济与管理学院

问卷作答提示

1. 敬请您根据自己的实际和意愿回答所有问题,请尽量不选择折衷答案,做到准确的估计;

问卷调查表

2. 纸质问卷填写者,请您直接在相应的选项上画"√"

3. E-mail 填写者,请您将所选项标红或加下划线并加粗,作答完毕后请发送到 E-mail:winnerx2006@126.com。

4. 如果你对本问卷的有关内容有疑问,敬请与武汉大学经济与管理学院联系。E-mail:winnerx2006@126.com。

第一部分:您的个人信息

请在下列相关内容的选项上画"√"。(E-mail 填写者,请您直接将所选项标红或加下划线)

1. 您的性别:(1)男(2)女

2. 您的年龄:(1)25 岁以下(2)26~35 岁(3)36~45 岁(4)46 岁以上

3. 您在当前高校工作已有:

(1)4 年以下(2)5~10 年(3)11~15 年(4)16~20 年(5)21 年以上

4. 你在你目前岗位上的工作时间已经有:

(1)小于 5 年(2)5~8 年(3)大于 8 年

5. 婚姻状况:(1)未婚(2)已婚

6. 您的最高学历:

(1)大专(2)本科(3)硕士(4)博士

7. 您目前在贵校的管理类的职位是:

(1)教辅岗位(2)教学岗位

8. 您所在高校的性质:

（1）985或211高校（2）民办高校（3）高职高专（4）一般本科

第二部分：您对个人职业中相关问题的看法

下列题项请您在最符合您意愿的字母选项上打"√"。

（E-mail填写者，请您直接将所选项标红或加下划线并加粗）

序号	题项	非常不同意	不太同意	一般	有些同意	非常同意
1	组织会注意到工作出色的员工	A	B	C	D	E
2	组织在工作中有机会就利用员工	A	B	C	D	E
3	组织同意合理的改变工作条件要求	A	B	C	D	E
4	组织会看重员工工作目标价值观	A	B	C	D	E
5	组织在工作中遇到问题给予帮助	A	B	C	D	E
6	组织会让员工担当最适合的工作	A	B	C	D	E
7	组织会提供晋升的机会	A	B	C	D	E
8	组织会使员工工作充满兴趣	A	B	C	D	E
9	组织会帮助员工发挥工作潜能	A	B	C	D	E
10	组织重视员工工作中的意见	A	B	C	D	E

续表

序号	题项	非常不同意	不太同意	一般	有些同意	非常同意
11	组织会认为留住员工对单位的作用不小	A	B	C	D	E
12	组织会挽留离职员工	A	B	C	D	E
13	组织认为解聘员工是不小的损失	A	B	C	D	E
14	组织不轻易解聘员工	A	B	C	D	E
15	组织对员工只采取换岗而不解聘	A	B	C	D	E
16	组织会为员工成就而骄傲	A	B	C	D	E
17	组织在员工解聘后可再招回	A	B	C	D	E
18	组织会奖励额外劳动	A	B	C	D	E
19	组织会偶尔因私人原因缺勤应给予理解	A	B	C	D	E
20	组织会给您提供特殊帮助	A	B	C	D	E
21	组织会关心员工的生活状态	A	B	C	D	E
22	组织效益好时会为员工加薪	A	B	C	D	E
23	组织会考虑员工应得多少薪水的问题	A	B	C	D	E
24	组织在做决策时要考虑您的利益	A	B	C	D	E
25	我曾经想辞去目前的工作	A	B	C	D	E
26	我会寻找其它工作机会	A	B	C	D	E

续表

序号	辛苦您了，再坚持一下，谢谢您的耐心作答！	非常不同意	不太同意	一般	有些同意	非常同意
27	我曾考虑有一天我可能会离开本组织	A	B	C	D	E
28	我曾想到过去本组织中其他部门工作	A	B	C	D	E
29	我相信自己能分析长远的问题，并找到解决方案	A	B	C	D	E
30	与管理层开会时，在陈述自己工作范围之内的事情方面我很自信	A	B	C	D	E
31	我相信自己对组织战略的讨论有贡献	A	B	C	D	E
32	在我的工作范围内，我相信自己能够帮助设定目标	A	B	C	D	E
33	我相信自己能够向一群同事陈述信息	A	B	C	D	E
34	如果我发现自己在工作中陷入了困境，我能想出很多办法摆脱出来	A	B	C	D	E
35	目前，我能精力饱满地完成自己的工作目标	A	B	C	D	E
36	任何问题都有很多解决方法	A	B	C	D	E
37	目前，我认为自己在工作上相当成功	A	B	C	D	E
38	我能想到很多办法来实现我目前的工作目标	A	B	C	D	E

续表

序号	辛苦您了，再坚持一下，谢谢您的耐心作答！	非常不同意	不太同意	一般	有些同意	非常同意
39	目前我正在实现我自己设定的工作目标	A	B	C	D	E
40	在工作中遇到挫折时，我很难从中恢复过来，并继续前进	A	B	C	D	E
41	在工作中，我无论如何都会去解决遇到的难题	A	B	C	D	E
42	在工作中如果不得不去做，可以说，我也能独立迎战。	A	B	C	D	E
43	我通常对工作中的压力能泰然处之	A	B	C	D	E
44	因为以前经历过很多磨难，所以我现在能挺过工作上的困难时期	A	B	C	D	E
45	在我目前的工作中，我感觉自己能同时处理很多事情	A	B	C	D	E
46	在工作中，当遇到不确定的事情时，我通常期盼最好的结果	A	B	C	D	E
47	如果某件事情会出错，即使我明智地工作，他也会出错	A	B	C	D	E
48	对自己的工作，我是能看到事情光明的一面	A	B	C	D	E
49	在目前的工作中，事情从来没有像我希望的那样发展	A	B	C	D	E

续表

序号	辛苦您了,再坚持一下,谢谢您的耐心作答!	非常不同意	不太同意	一般	有些同意	非常同意
50	在工作时,我总相信"黑暗的背后就是光明,不用悲观"	A	B	C	D	E
51	父母的要求即使不合理,子女也应照着去做	A	B	C	D	E
52	要避免发生错误,最好的办法是听从长者的话	A	B	C	D	E
53	结婚前,妇女必须遵从自己的父亲,婚后必须遵从自己的丈夫	A	B	C	D	E
54	孩子们必须尊重他们父母尊重的人	A	B	C	D	E
55	人们发生争端时,必须请领导决定谁是正确一方	A	B	C	D	E
56	组织中集体的利益要高于自己的利益	A	B	C	D	E
	工作中——					
57	我会提合理化建议	A	B	C	D	E
58	我关心学生的学习生活	A	B	C	D	E
59	工作中不营私舞弊	A	B	C	D	E
60	我会调动学生学习热情	A	B	C	D	E
61	我的学术态度严谨	A	B	C	D	E
62	我会帮助新来的同事	A	B	C	D	E

续表

序号	辛苦您了,再坚持一下,谢谢您的耐心作答!	非常不同意	不太同意	一般	有些同意	非常同意
63	我会主动给予同事帮助	A	B	C	D	E
64	我会节约单位的资源	A	B	C	D	E
65	我会向外界宣传学校	A	B	C	D	E
66	我会维护单位的公众形象	A	B	C	D	E
67	我会以学校利益为重	A	B	C	D	E
68	我会与同事分享工作经验	A	B	C	D	E
69	我会帮助同事解决问题	A	B	C	D	E
70	我会维护人际和谐	A	B	C	D	E
71	我会维护学校的秩序	A	B	C	D	E
72	我会遵守规章制度	A	B	C	D	E
73	我会服从工作指示	A	B	C	D	E
74	我会参加工作会议	A	B	C	D	E
75	我从不迟到、早退	A	B	C	D	E
76	我会维护学校团结	A	B	C	D	E
77	我会参加学校义务活动	A	B	C	D	E
78	我会参与教师联谊活动	A	B	C	D	E
79	我会美化工作环境	A	B	C	D	E
80	我会提前上班	A	B	C	D	E
81	我会为工作占用业余时间	A	B	C	D	E
82	我会承担额外任务	A	B	C	D	E

攻博期间发表的科研成果目录

"不同省域科研投入产出效率及其影响因素的实证研究",《经济管理》,2011 2:23-30.

"基于不同机构评价我国研发经费投入产出效益",《科技进步与对策》,2010 3:119-124.

Financial Crisis: Employees need to explore positive psychological capital. Wuhan, China, July 27-29, 2009.(ISTP检索).

Evaluation of Input and Output Efficiency in different Agencies in China Based on Data Envelopment Analysis, wuhan, China, December, 2009.(EI检索).

An incentive Empirical Analysis on executives pay of Listed companies.Sanya, China, December, 2009.(EI检索).

"上市公司高管人员薪酬激励的实证分析",《财会通讯》,2009,12(第二作者).

"论人才强国的科学内涵"《河南财政税务高等专科学校学报》2009(102)1:66-68.

后 记

人们对大多事物总是追求拥有,其实最重要的是珍惜自己曾经和现在的拥有。三年在武汉大学的学习就是如此,越是要离开,越感觉到要珍惜,珍惜的不仅仅是武大美丽的一草一木,浩如烟海的图书和电子资源,更要珍惜的是同门之间的友谊,老师的谆谆教诲。对于武大以及经管院的同门和好友,还有自己的恩师,千言万语汇成一句话"一片冰心在珞珈"。

"明师之恩,诚为过于天地,重于父母多矣"。感谢恩师李燕萍教授,"做事先做人"在我刚进入武大的时候为我指明方向,认真到极处的学术态度引领我前行,极高的学术修养对我来说如高山仰止,对学生如沐春风的关怀为我树立了人生的榜样。本文从开题到论文的形成每一步都离不开您的耐心指导,学生每次小小的进步都离不开您的谆谆教导。虽说大恩不言谢,但学生还是要再次深深感谢恩师李燕萍教授。

感谢谭力文教授、赵锡斌教授、夏清华教授、李锡元教授、海峰教授、杜旌副教授、陈建安副教授、陶厚永副教授在我学习和工作期间给予我的帮助和指点。特别感谢李锡元教授、梁文潮教授、海峰教授、严若森教授和陈建安副教授在论文预答辩时给予的指导，感谢您们提出了十分有益的见解，让学生受益非浅，也使论文得以完善。

博士学习期间，难忘和同门兄弟姐妹们相处的美好时光，在学习上的交流和私下的小聚都会让人感觉就如家庭一样温馨，在此谢谢你们给予我的帮助。感谢马富萍、李太、郭玮、宋姝婷、罗昱、王生斌、张银、吴绍棠、段玥君、汪曲、李新珠、涂乙冬、李玲、彭峰、徐嘉、吴璐、何欢、张海雯、杨拉克、卢欣欣、王洁、张彬、杨琨！感谢王新刚、刘红阳、杨立华、吴宏宇、童泽林、何泽军、刘好强、周玲、张琴在业余时间为我提供了一个极好的的跨学科交流平台。感谢赵光南、杨龙、吴瑞祥、井西晓、邹雷、杨鑫、廖军华、代伊博、林粤湖、陈应龙、石峰、陈亮、杨华、潘敏、张晓燕、孙文杰、王俊杰、陈新平、盖鹏、邵校、邓海骏、郑晓京、黄洪浪、闫春伟、陈婉、李丙霞、李景宣、尹立颖、陈涛等兄弟姐妹在研究调查中给予的慷慨支持，同时感谢樊亚利老师、李伟超老师、蔡君如老师、肖培耻老师在问卷预测试时给予的大力支持！

感谢父亲、母亲、妹妹和妹夫对我生活和学习上的关心和支持，没有你们的支持，我不可能近乎全身心地投入学习。对自己的儿子和爱人，我只能报以愧疚和感激，感激我的爱人刁婕，是你的支持我才能完成自己的学业，是你用自己羸弱的肩膀担起家庭的重责，抚养和照顾儿子，孝顺老人，在此我代表儿子和全家感谢我的爱人刁婕。

最后缅怀和感谢天堂中的岳母，是您的善良和包容给了我

后 记

太多的支持,是您的坚强和毅力给了我太多的精神财富。

再次感谢所有关心和帮助过我的人!谨以此文献给所有关心和爱护我的人。

许颖　谨识

2011 年 4 月于珞珈山